Watercolor für Kids

Verena Knabe

Watercolor für Kids

Über 50 einfache Schritt-für-Schritt-Anleitungen

mitp

Bibliografische Information der Deutschen Nationalbibliothek
Die Deutsche Nationalbibliothek verzeichnet diese Publikation in der Deutschen Nationalbibliografie; detaillierte bibliografische Daten sind im Internet über <http://dnb.d-nb.de> abrufbar.

Bei der Herstellung des Werkes haben wir uns zukunftsbewusst für umweltverträgliche und wiederverwertbare Materialien entschieden.
Der Inhalt ist auf elementar chlorfreiem Papier gedruckt.

ISBN 978-3-7475-0143-6
1. Auflage 2020

http://www.mitp.de
E-Mail: mitp-verlag@sigloch.de
Telefon: +49 7953 / 7189 - 079
Telefax: +49 7953 / 7189 - 082

Lektorat: Sabine Schulz
Sprachkorrektorat: Petra Heubach-Erdmann
Layout und Cover: Verena Knabe
Satz: Petra Kleinwegen
Druck: ADverts in Riga, Lettland

Inhalt

Endlich
geht es los

hallo

Schön, dass du da bist. Wenn du durch diese Seiten blätterst, dann interessierst du dich für das wunderbare Thema Watercolor – einfach und kreativ umgesetzt. In meinem kleinen Kreativ-Studio in dem Örtchen Schlangen, direkt neben der wunderschönen Stadt Paderborn, habe ich für dich in den letzten Wochen mit viel Liebe an diesem Buch gearbeitet und freue mich sehr, dass du und ich gemeinsam durch »Wasser und Farbe« gehen.
Auf den folgenden Seiten erstellen wir tolle Bilder und verarbeiten diese zu großartigen Projekten. Wir zaubern Menschen, Blumen, Tiere und vieles mehr und du lernst Aquarellfarben, Papiere und alle Materialien kennen.

Ich wünsche dir viel Spaß beim Ausprobieren und würde mich freuen, wenn du deine Kunstwerke unter dem Hashtag #watercolorforkids auf Instagram mit mir teilst.

Viel Erfolg den kleinen und großen Künstlern!

Verena

Hier findest du mich:
www.gustavson.store
Instagram: @gustavson_illustration
YouTube/Pinterest: Verena Knabe - Gustavson Illustration

Alle Vorlagen zum Übertragen findest du kostenfrei auf meiner Website unter www.gustavson.store

Was ist Watercolor?

Hinter dem englischen Wort Watercolor verbirgt sich die Aquarellmalerei oder auch Aquarellkunst. Das Malen mit Aquarellfarbe besteht nicht aus Perfektion, sondern lässt viel Spielraum für dich und deine Farben. Durch die Arbeit mit viel Wasser haben die Farben ihren eigenen Kopf und nicht selten sind die Ergebnisse bei gleichen Pinselstrichen ganz unterschiedlich. Da die Farben wasserlöslich und nicht deckend sind, wirken sie zart und oft leicht transparent auf deinem Papier.

Material

Wasserbehälter
Drei Stück: einen für helle, einen für dunkle Farben und einen weiteren, falls du klares Wasser benötigst.

Mischpalette
Vorzugsweise ein weißer Teller aus Porzellan. Schaue einfach in der Küche nach, ob du einen alten weißen Teller findest.

Bleistift
HB, falls du dir noch eine leichte Skizze vorzeichnen möchtest. 3B oder weicher zum Schraffieren der Rückseiten deiner Vorlagen.
Es gibt harte und weiche Bleistifte. Auf dem Bleistift selbst wird ein harter Bleistift mit H bezeichnet, ein weicher mit B, die Ziffer daneben zeigt dir den Grad der Härte des Bleistifts an.

Radiergummi
Zum Beispiel der Light Mono von *Tombow*. Dieser ist besonders gut geeignet für sensible Untergründe.

Stifte
Um dein Aquarell anschließend mit einer schönen Botschaft zu versehen, z.B. der Brushpen ABT von *Tombow*. Auch benötigst du einen wasserfesten Fineliner in der Stärke 0.3 oder 0.5 in der Farbe Schwarz sowie einen weißen Marker oder deckenden Gelly Roll.

Tipp:
Auf meiner Website www.gustavson.store findest du ein Starter-Kit mit allen Papieren, Farben, Stiften und Pinseln, die du benötigst. Mit dem Rabattcode: **WATERCOLORFORKIDS** kannst du 10 % sparen.

Tipp:
Lege dir immer ein altes Tuch oder ein Zellstofftuch bereit, falls du mal zu viel Farbe bzw. Wasser auf dem Pinsel oder Papier haben solltest.

Pinsel

Es gibt unzählige Formgebungen und Materialien, aus denen Pinsel bestehen können. Wichtig ist, dass du dich für qualitativ hochwertige Pinsel entscheidest und dafür lieber wenige hast. Für die Projekte in diesem Buch empfehle ich dir einen spitz geformten Rundpinsel in der Größe 5 oder 6 und in der Größe 2. Ideal für startende Künstler sind Pinsel mit Synthetikhaar. Wichtig ist, dass du deine Pinsel immer gut pflegst. Lasse sie niemals kopfüber im Wasser stehen, bereits nach nur fünf Minuten nehmen sie dir das übel und ihre Spitze verformt sich unwiderruflich.

Die Zauberformel nach dem Gebrauch lautet:
Auswaschen – Spitze formen – trocknen

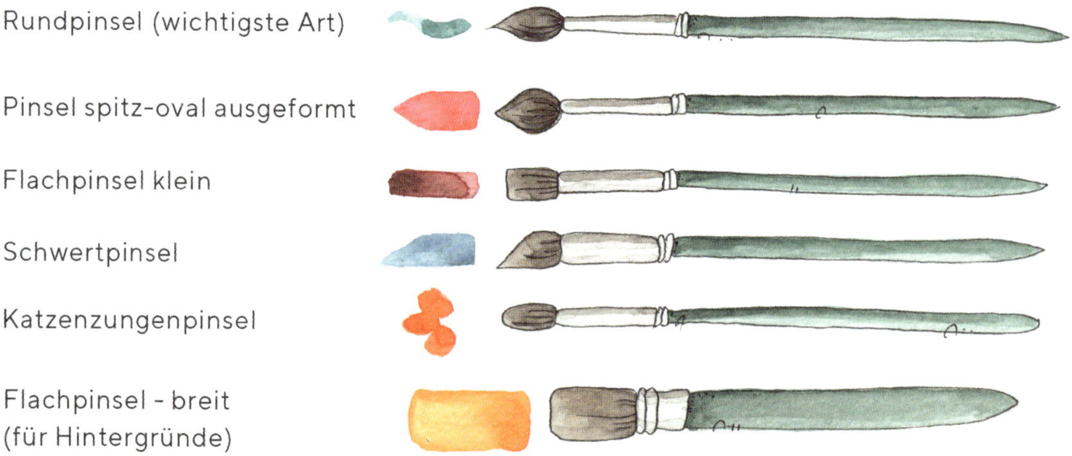

Tipp

- Achte beim Kauf darauf, dass dein Pinsel keine Haare verliert.
- Lagere deine Pinsel niemals auf der Pinselspitze.
- Borstenpinsel sind für die Aquarellmalerei nicht geeignet.
- Ein Aquarellpinsel sollte gut das Wasser halten können.
- Auf der rechten Seite oben siehst du in Gelb eine kleine Pinselbank von Glaszwerg. Diese hilft dir bei der sicheren Ablage deines Pinsels. So kann er nicht wegrollen.

10
5
da Vinci

Farben

Aquarellfarben bestehen aus sehr feinen Farbpigmenten oder auch Farbteilchen , Netz- und Feuchthaltemitteln sowie einem wasserlöslichen Bindemittel. Es sind hochpigmentierte Wasserfarben.
Aquarellfarben sind in Töpfchen, halben und ganzen Näpfchen oder in Tuben erhältlich. Achte beim Kauf darauf, dass deine Farben farbecht bzw. lichtecht sind und so nicht im Laufe der Jahre verblassen, dies steht immer auf der Verpackung drauf. Ich nutze sehr gerne die Farben *Horadam® Aquarell* von *Schmincke*, sie haben eine tolle Leuchtkraft, sind farbecht und sind auch in der günstigeren Variante *Akademie® Aquarell* erhältlich.

Farben mischen

Kleine Farblehre
Alle möglichen Farbkombinationen in der Aquarellmalerei ergeben sich aus dem Farbkreis. Die Primärfarben sind unsere Grundfarben und bestehen aus Zitronengelb, Magenta und Cyan. Die Sekundärfarben sind die Farben, die entstehen, wenn je zwei Grundfarben miteinander gemischt werden. Zitronengelb und Magenta ergibt Orange, Zitronengelb und Cyan ergibt Grün, Cyan und Magenta ergibt Violett.

Veränderst du die einzelnen Anteile der Pigmente oder die Wärme der Farbe in der Farbmischung, erhältst du nun unterschiedliche Nuancen der Sekundärfarben – die Tertiärfarben. Diese sind je nach Mischverhältnis in ihrer Anzahl nahezu unbegrenzt. Am besten kannst du das anhand des Farbkreises erkennen. Im Farbkreis stehen sich die Komplementärfarben gegenüber. Diese Farben passen besonders gut zueinander und harmonieren am besten miteinander.

Beispiele:

Farbe mit Wasser mischen:
(von wenig zu viel Wasser)

Farbe mit Farbe mischen:

Tipp

Weiß wird in der Aquarellmalerei fast nie benutzt oder nur, um eventuell einen pastelligen Farbton zu mischen. Um weiße Flächen auf deinem Bild zu erzielen, sparst du diese Stellen einfach aus und setzt so Lichtpunkte.

Tipp

Lege dir Farbcodes an und mische deine Farben ganz in Ruhe, bevor du mit deiner Illustration startest.

Farbcode / Farbkarte

Tipp

Grundsätzlich ist beim Mischen von Farben zu beachten, dass der Endfarbton umso schmutziger und weniger brillant wirkt, je mehr Farben man miteinander mischt. Deshalb verwenden viele Künstler eine große Palette an Fertigfarben, die Bilder wirken so brillanter und sauberer.

Papier

Aquarellpapier wird unterschieden nach seiner Beschaffenheit bzw. Oberfläche in rau (rough), matt (cold pressed) und glatt satiniert (hot pressed).

Raues Papier lässt deine Bilder noch lebhafter wirken und findet am häufigsten Anwendung. Wenn du über die Oberfläche streichst, dann ist diese rau und besitzt eine Struktur.

Mattes Papier hingegen ist eher für zarte Darstellungen geeignet und aufgrund der nur wenig unregelmäßigen Oberflächenstruktur eignet es sich besonders gut für Anfänger. Das Papier fühlt sich an wie ein Stoff aus Samt.

Glatt satiniertes Papier ist besonders gut, wenn du deine Kunstwerke auch mit einem Spruch kombinieren willst. Es ist sehr glatt und hat keine Struktur und auf ihm kannst du mit jedem Stift schreiben.

Es gibt sehr viele Anbieter für Aquarellpapier. Hier die Übersicht zu bewahren, ist nicht immer ganz leicht. Ein preiswertes Produkt mit anständiger Qualität ist vollkommen ausreichend, um den Einstieg in die Aquarellmalerei zu meistern. Für den Start kann ich dir die Reihe *Harmony* von *Hahnemühle* und den *XL Aquarellblock* von *Canson* empfehlen.

Malst du gerne mit viel Wasser und lässt dir Zeit, solltest du auf raue oder matte Oberflächen zurückgreifen. Besonders wichtig ist die Dicke des Papiers. Diese liegt standardmäßig zwischen 200g/m² und 300g/m² und das brauchst du auch, denn bei der Aquarellmalerei arbeitest du meistens mit sehr viel Wasser und durch die Papierstärke vermeidest du, dass dein Papier wellig wird und du so dein Bild zerstörst. Aus diesem Grund ist ein guter Aquarellblock oftmals auch von allen vier Seiten geleimt, also verklebt. Hier ist eine kleine Ecke des Papiers nicht verleimt, von dieser Stelle aus kannst du dein Blatt mithilfe z.B. eines Lineals vom Block lösen.

Vorlagen übertragen

Um dir den Start leichter zu machen, gibt es zu jedem Bild eine große Skizze zum Abpausen. So kannst du ganz einfach starten und brauchst dir keine Sorgen zu machen, ob du die Proportionen auch hinbekommst. Als Erstes lädst du dir die Skizzen von meiner Website herunter, druckst diese dann aus und durch das anschließende Schraffieren der Rückseite kannst du ganz einfach und ohne viel Mühe deine Skizzen auf dein meist sehr dickes Aquarellpapier übertragen.

So funktioniert es:
1. Schraffieren ist eine Art zeichnen. Dabei zeichnet man allerdings nicht das Motiv selbst, sondern paust es auf das Blatt durch. Hierzu nimmst du deinen Bleistift 3B oder weicher und schraffierst großflächig die Rückseite deiner Skizze bzw. deines Handletterings. Achte darauf, dass du den ganzen Bereich auszeichnest bzw. schraffierst.

2. Nun drehst du deine Vorlage um und platzierst sie auf dein Aquarellpapier. Nimm dir nun einen bunten Stift mit einer harten Spitze zur Hand, denn diesen siehst du besser auf der schwarzen Skizze. Zeichne dann die Umrisse deiner Vorlage oder schreibe dein Lettering mit leichtem Druck nach und schon hast du dein Handlettering oder deine Skizze übertragen.

Alle Vorlagen und Skizzen zum Übertragen findest du kostenfrei auf meiner Website unter www.gustavson.store.

Grundlegende Techniken

Freiräume/weiße Flächen lassen

Kleine weiße Flächen wirken in deinen Bildern wie Lichtpunkte, damit kannst du ganz einfach die Stellen betonen, auf die besonders viel Licht fällt. Dafür musst du direkt zu Beginn an wenigen Stellen kleine weiße Flächen lassen. Überlege dir schon vor Beginn, ob und wo weiße Flächen in deinem Bild vorkommen sollen.

Tipp

Geht mal etwas schief und vergisst du, eine Fläche freizulassen, kannst du sie einfach mit einem weißen Fineliner oder Marker am Schluss in dein getrocknetes Bild schummeln.

Schatten malen

Setzt du einen Schatten auf dein Bild, dann wirkt es viel echter und du erzeugst auf diese Weise räumliche Tiefe. Du kannst bereits von Beginn an die Seite, die im Schatten liegen soll, kräftiger malen, indem du hier weniger Wasser verwendest. Also überlege dir am besten schon bevor du beginnst, von welcher Seite dein Licht kommt. Du kannst auch zusätzlich zum Schluss einen Schatten in dein Bild malen. Ein sogenannter Wurfschatten liegt stets auf der gegenüberliegenden Seite, von der das Licht kommt, und wird meistens in der Form des Objektes gemalt. Hingegen wird ein Schatten, der durch die Berührung zweier Gegenstände entsteht, oftmals in Form einer kräftigen Kontur dargestellt. Bei dem Marienkäfer kommt die Sonne von oben und somit entsteht kein Wurfschatten, jedoch entsteht ein Schatten durch die Berührung von Käfer und Blatt und zwischen den Flügeln. Genau dort habe ich den Schatten als breiten Strich gemalt.

Transparenz

Das ist die simpelste Methode, einen Vorder- und Hintergrund zu schaffen. Alles, was im Bild weiter hinten ist, malst du heller, d.h. transparenter und alles, was im Vordergrund sein soll, malst du dunkler oder kräftiger. Du bekommst eine Farbe transparenter, indem du ihr mehr Wasser hinzufügst. Wichtig ist hier, dass du erst den Hintergrund richtig trocknen lässt, bevor du den Vordergrund malst.

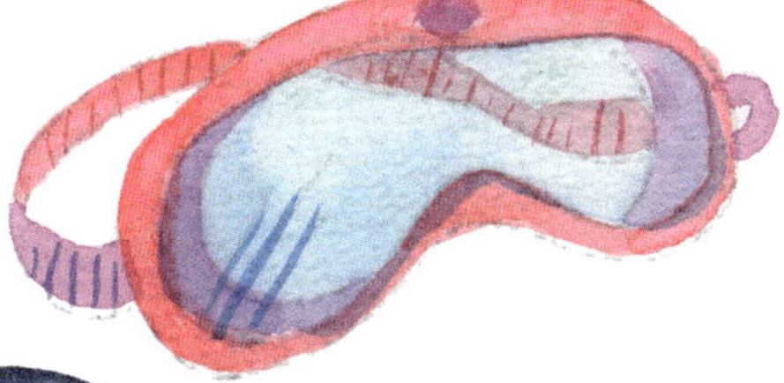

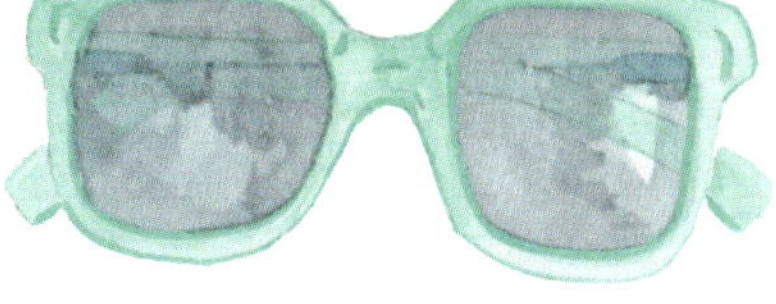

Lasieren/Schicht für Schicht

Beim Lasieren werden die einzelnen Farbschichten nacheinander aufgetragen. Die erste Schicht kommt auf das trockene Aquarellpapier. Erst nachdem diese Schicht vollständig getrocknet ist, wird die nächste Schicht aufgetragen. Je nach Auswahl der Farben wirkt das Bild intensiver oder schwächer.

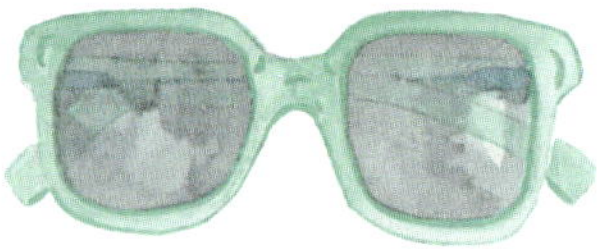

Tipp

Mit der ersten Farbschicht, die unbedingt stark verdünnt sein sollte, entsteht die Grundform, der Hintergrund oder all das, was in deinem Aquarell im hinteren Bereich stehen soll (wie auch beim Spiel mit der Transparenz, siehe Seite 19).

Eine Transparenz – mit einem Farbton werden die Schichten gemalt.

Drei Transparenzen – mit mehreren unterschiedlichen Nuancen einer Farbe oder mit unterschiedlichen Farben wird Schicht für Schicht aufgetragen.

Lavieren

Unter diesem Begriff versammeln sich mehrere Aquarelltechniken, wie z.B. die Verlauftechnik oder die Nass-in-Nass-Technik. Diese Techniken lassen sich nicht klar voneinander abgrenzen. Zumeist beginnt man mit viel Farbe auf trockenem Papier und zieht die Farbe mit einem nassen Pinsel in die gewünschte Form oder füllt diese aus. So entstehen oftmals eindrucksvolle Farbverläufe oder Farbübergänge. Benutzt du hier verschiedene Farben oder feuchtest du die Oberfläche erst mit Wasser an, spricht man auch von der Nass-in-Nass-Technik.

Nass-in-Nass-Technik: Farbe mit Wasser auf trockenem Papier in Form bringen und dabei mit Transparenz spielen.

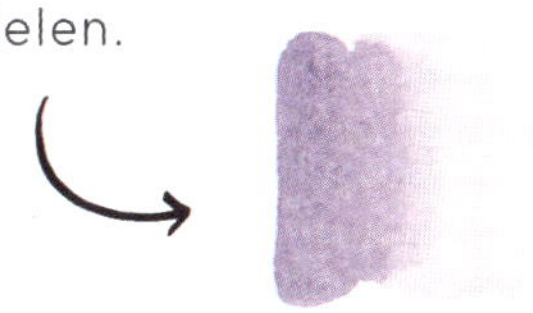

Verlauftechnik: Oder zwei Farben werden ineinander gezogen auf trockenem Papier.

Oder:
Als Erstes malst du die Kontur deines Bilds, also nur den Rand, anschließend streichst du die Farbe der Kontur mit deinem Pinsel in die Fläche hinein.

Du kannst auch mit klarem Wasser dein Objekt vormalen und lässt dann die Farbe in die Fläche einfließen, indem du deine Farbe in die Fläche tupfst.

Dies ist meine liebste Art, Farbe auf das Papier zu bringen, weil man gerade so eindrucksvolle Farbverläufe schaffen kann und das ist ein tolles Beispiel dafür, dass sich die Techniken Nass-in-Nass und Verlauftechnik nicht klar voneinander abgrenzen lassen. Du findest dieses Symbol immer, wenn diese Technik zum Einsatz kommt.

Bevor du startest

Bevor du startest, richtest du dir deinen Arbeitsplatz ein, und zwar mit all den wunderbaren Dingen, die du brauchst. Achte darauf, dass du nie die Farbe oder das Wasser über dein Blatt hinwegheben musst. Um ein Volltropfen oder Bekleckern deiner Illustration zu vermeiden, ordne Farbe, Wasser und Tuch zum Abtupfen immer neben deiner Arbeitshand an. Bei Rechtshändern steht alles rechts und bei Linkshändern alles links. Oberhalb und auf der gegenüberliegenden Seite deiner Arbeitshand stellst du dir Stifte, Radierer und Co. bereit.

1584
1... 2... 3...
los

Fußball

Skizze

Farbpalette

1.

Male um die späteren schwarzen Bereiche eine dicke Kontur und verziehe diese mit deinem ausgespülten Pinsel in die Mitte der Fläche.

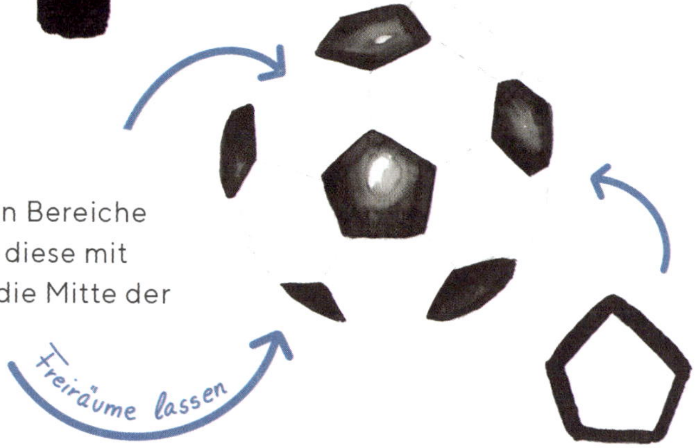

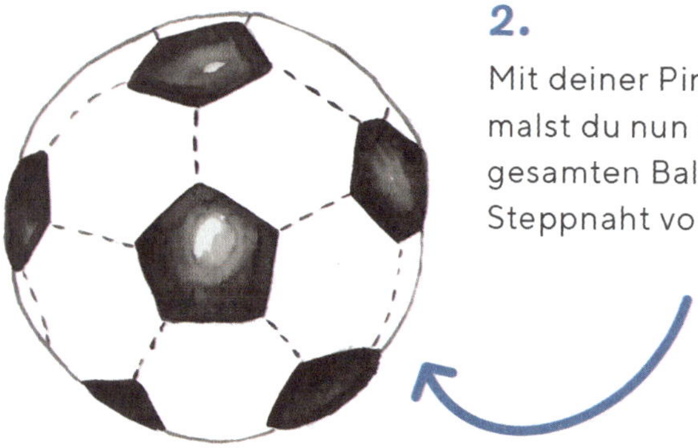

2.

Mit deiner Pinselspitze und deinem Schwarz malst du nun eine schmale Kontur um den gesamten Ball, danach malst du eine gestrichelte Steppnaht von Feld zu Feld.

3.

Nun nimmst du ein blasses Grau, indem du dafür dein Schwarz mit viel Wasser mischst, und damit malst du dann einen Schatten in die weißen Felder.

Football

Skizze

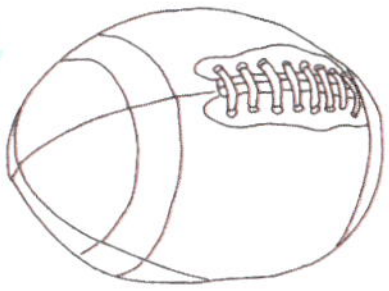

Farbpalette

1.

Nacheinander benetzt du die später braunen Flächen mit Wasser und lässt braune Farbe vom Rand aus hineinlaufen. Gehe dabei Fläche für Fläche vor und bearbeite alles nacheinander.

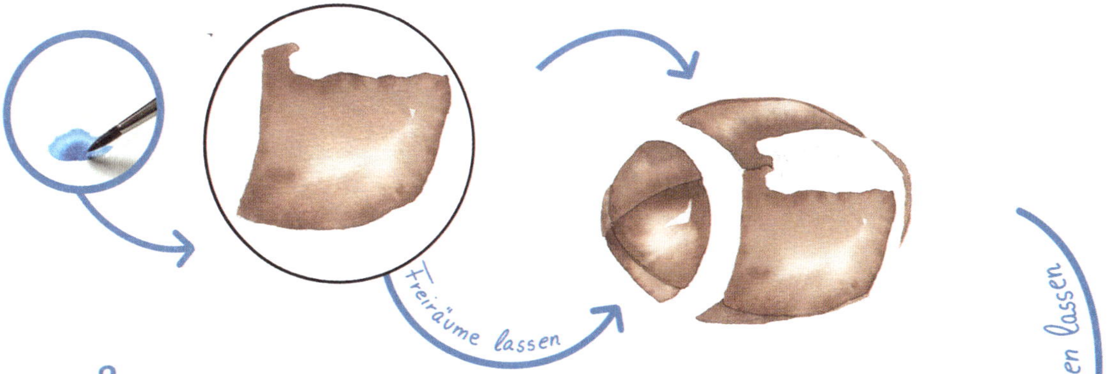

2.

Weiter geht es mit der Schnürung. Hier malst du den Bereich mit dem gleichen Braun aus und setzt an den Schnürsenkel einen Schatten mit einem dunkleren Braun. Mit diesem Braun malst du anschließend eine Kontur an den Schnürfaden. Mit einem verdünnten Schwarz malst du einen Schatten in die weißen Streifen.

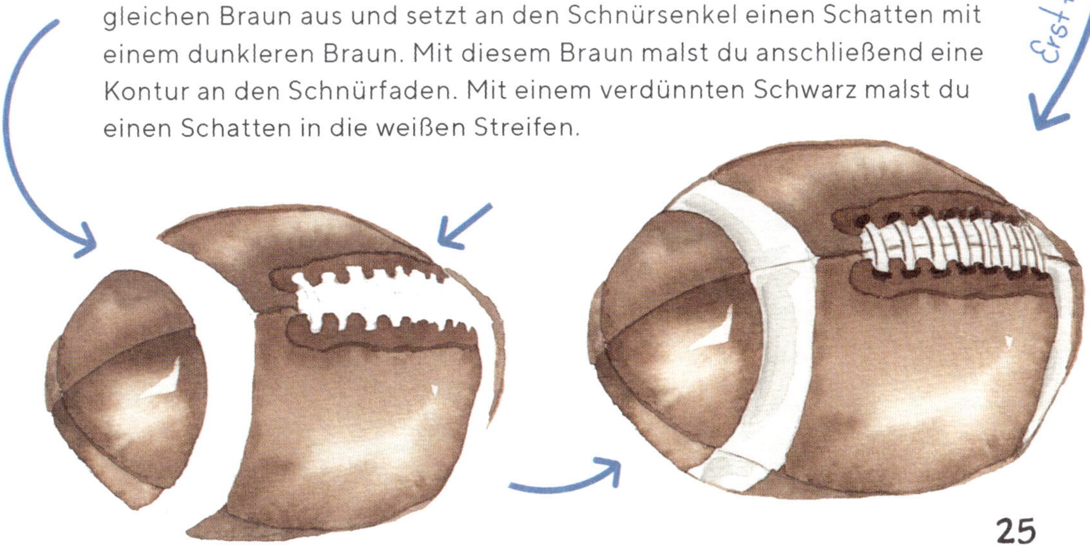

Schleifen

Skizze

Farbpalette

1.

Fülle die einzelnen Flächen mit Farbe, tupfe hierbei etwas mehr Farbe in den Bereichen zur Mitte hin. Behandle dabei jede Fläche einzeln und lasse sie anschließend kurz trocknen, bevor du mit der nächsten Fläche weitermachst.

2.

Als Nächstes malst du die Mitte und den inneren Teil der einzelnen Schleifen.

3.

Bei der Doppelschleife malst du nun die hintere Schleife und gehst dabei wie im ersten Schritt vor.

4.

Zum Schluss sind die Schleifenbänder dran, auch hier gehst du wie im ersten Schritt vor.

Schildkröte

Skizze

Farbpalette

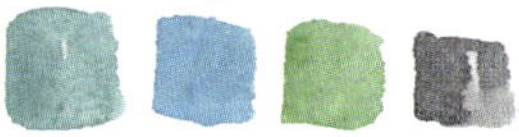

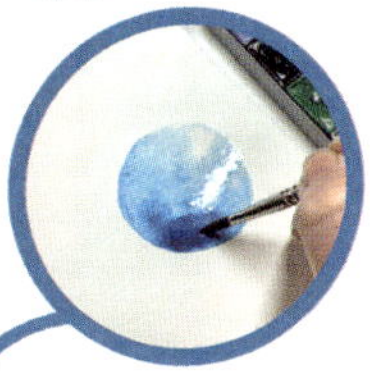

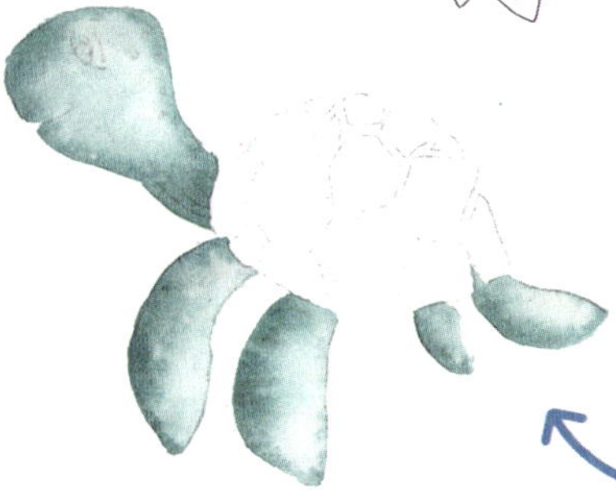

1.

Als Erstes bestreichst du den Kopf und die Beine mit klarem Wasser und lässt deine Farbe von links aus einfließen.

2.

Nun malst du Panzerplatte für Panzerplatte auf der linken Seite mit Blau und auf der rechten Seite mit Grün aus. Wenn sich die beiden Farben berühren, fließen sie ineinander und es ergibt sich ein wundervoller Übergang. Du kannst auch die Farbe mit deinem Pinsel leicht anschubsen, falls sie nicht schön ineinander verlaufen.

3.

Im dritten Schritt malst du mit der Pinselspitze kleine, nicht ganz geschlossene Kreise sowie den Mund und die Umrandung des Auges.

4.

Zum Schluss mischst du dein Türkis mit etwas Schwarz und malst einen Schatten unterhalb des Panzers. Anschließend malst du mit der Pinselspitze oder einem Fineliner das Auge.

Seestern

Skizze

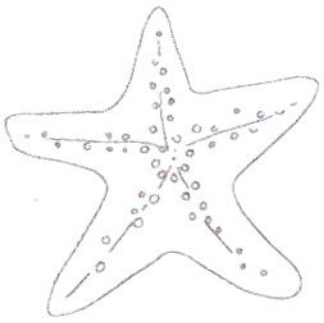

Farbpalette

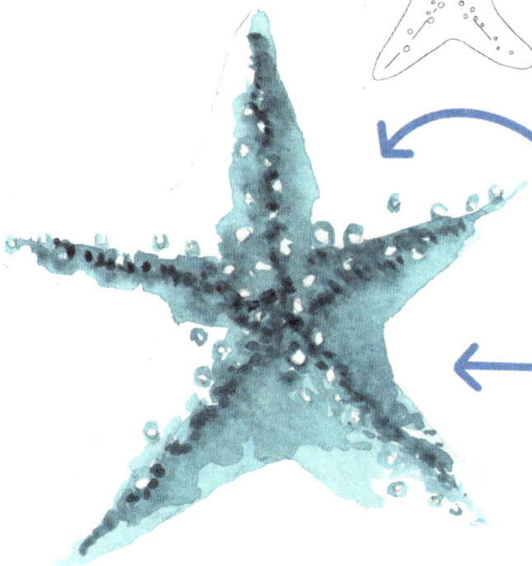

1.

Fülle die Mitte mit einem hellen Türkis, lasse alles einen kurzen Augenblick antrocknen und tupfe in die noch leicht feuchte Farbe eine Linie in jeden Seesternarm, diese treffen sich in der Mitte. So verlaufen die Farben noch leicht ineinander. Lass alles gut trocknen und tupfe erneut die Linien nach, nur diesmal in einem dunkleren Farbton, und male dann auf den Stern kleine Kreise.

2.

Nun ziehst du eine pinke Kontur um den gesamten Seestern und streichst diese Kontur mit deinem ausgewaschenen Pinsel in den Seestern hinein.

Freiräume lassen

3.

Dein Seestern bekommt nun einen Schatten. Erst in einer saftigen blauen Farbe und nachdem alles getrocknet ist, mischst du dieses Blau mit etwas Schwarz und malst einen weniger breiten Schatten auf die erste Schicht deines Schattens. Indem du einen Pinsel in Farbe tränkst und auf einen weiteren trockenen Pinsel schlägst, kannst du Farbspritzer auf dein Papier geben.

Marienkäfer

Skizze

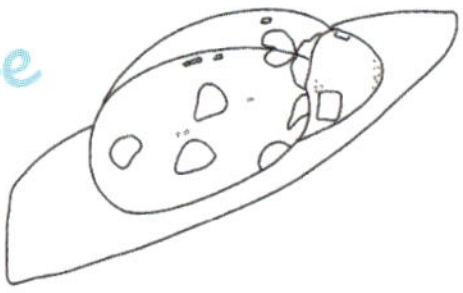

Farbpalette

1.

Im ersten Schritt malst du erst die eine Hälfte des Panzers, dann die andere. Male die jeweilige Hälfte mit einem verdünnten Rot aus und lasse ein knalliges Rot einlaufen. Spare die Bereiche der späteren schwarzen Punkte hierbei aus.

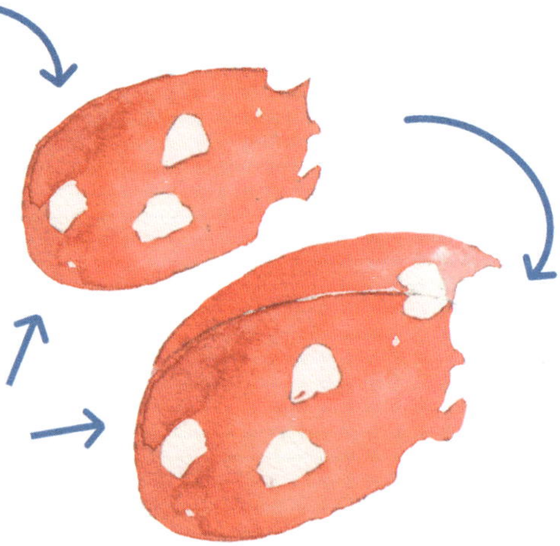

Erst trocknen lassen

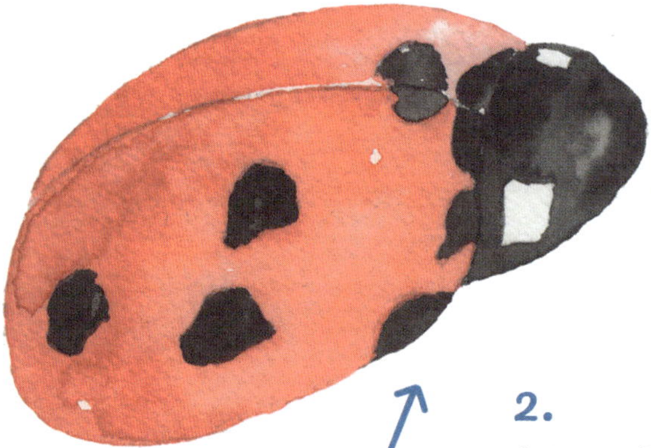

2.

Jetzt malst du Kopf und Punkte mit deinem verdünnten Schwarz aus. Auch hier lässt du wieder vom Rand aus weniger verdünnte Farbe einlaufen.

3.

Das Blatt bestreichst du als Erstes mit klarem Wasser und lässt dann anschließend deine grüne Farbe einlaufen. Tupfe hierzu einfach deine Farbe in die feuchte Fläche. Achte darauf, dass der Schritt 2 vorher komplett getrocknet ist.

4.

Im letzten Schritt mischst du dein Grün mit etwas Schwarz und malst am unteren Rand des Marienkäfers einen Schatten. Wiederhole dies mit einem Rot-Schwarz-Gemisch auch zwischen den beiden Panzerflügeln des Käfers.

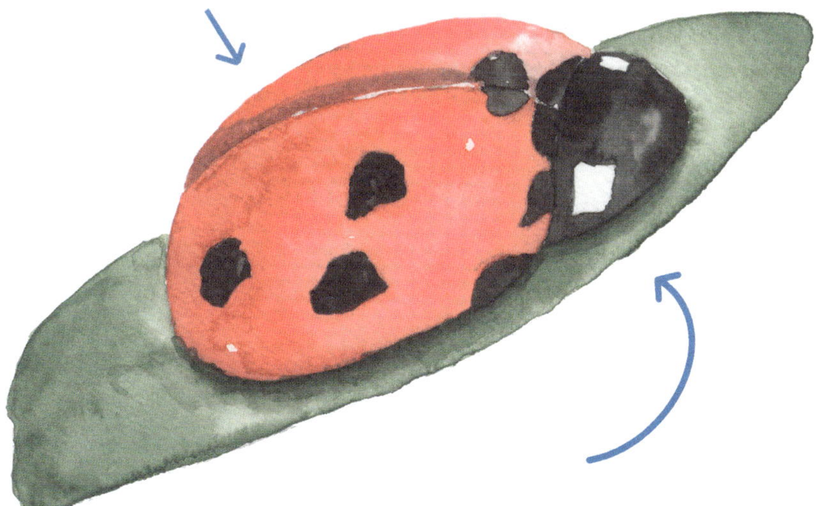

Rakete

Skizze

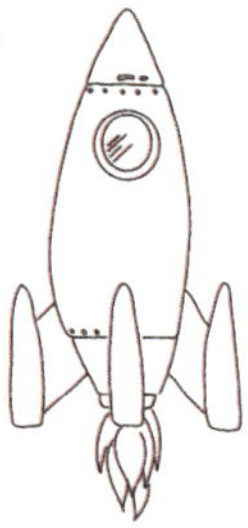

Farbpalette

1.

Male einen Rahmen um die Spitze und die Düsen deiner Rakete und ziehe die Farbe mit deinem Pinsel von außen in die Fläche.

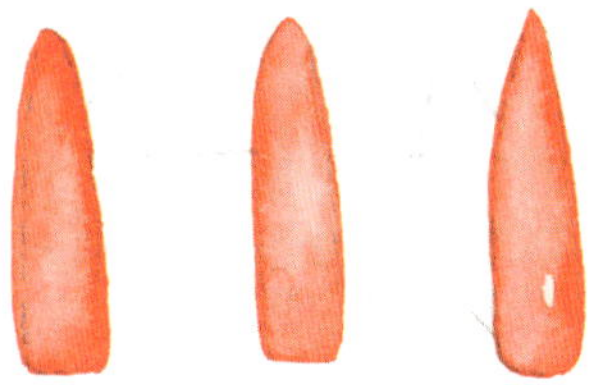

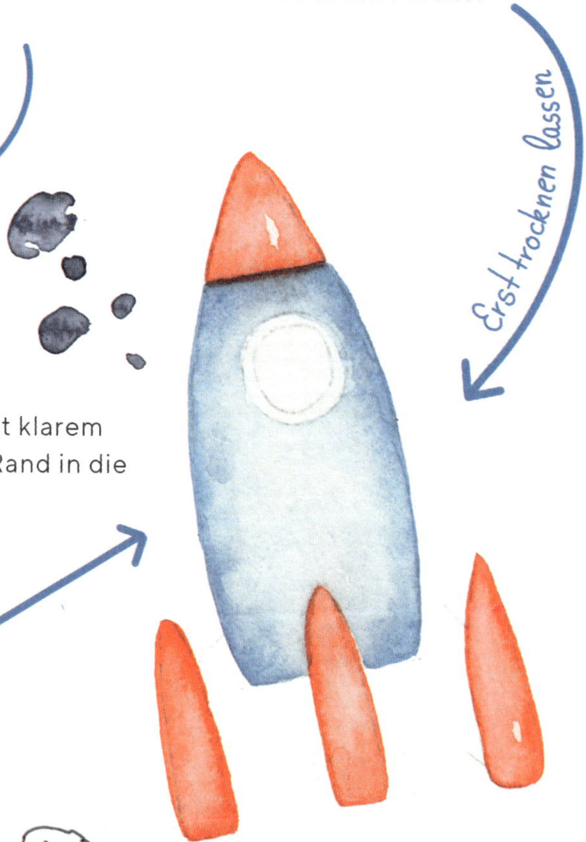

2.

Bestreiche den Raketenkörper mit klarem Wasser und lasse dein Blau vom Rand in die Fläche fließen.

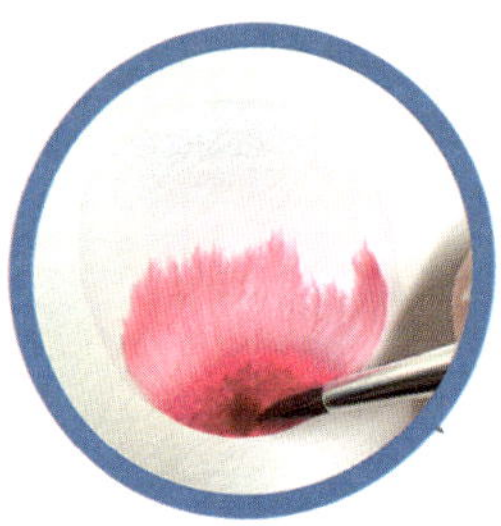

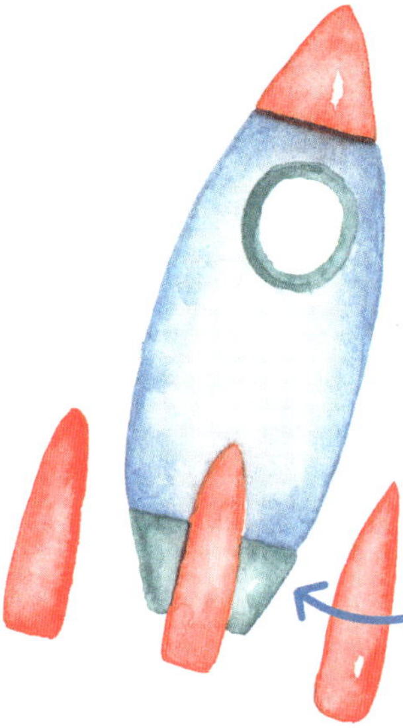

3.

Wiederhole Schritt zwei für den Rahmen des Fensters und das Raketenende. Nutze aber hierfür ein Grün.

4.

Zum Schluss bestreichst du die Scheibe mit klarem Wasser und lässt auch hier wieder deine blaue Farbe, aber diesmal nur von links, einlaufen.

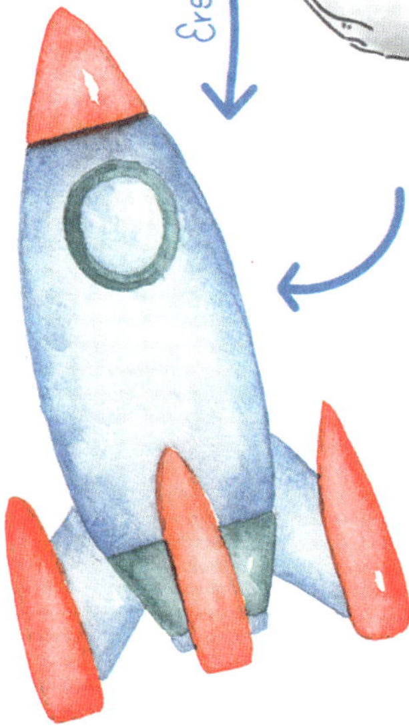

5.

Mit der Pinselspitze malst du Schrauben in Form von schwarzen Punkten auf den Raketenkörper und mit einem Blau drei zarte Striche in die Fensterscheibe. Die Raketenflammen malst du nacheinander mit einem kräftigen Rot und Gelb. Setze beide Farben direkt nebeneinander, sie dürfen ruhig etwas ineinanderlaufen.

Höre nie auf zu träumen.

1584

Pferd, Einhorn & Zebra

Skizze

Farbpalette

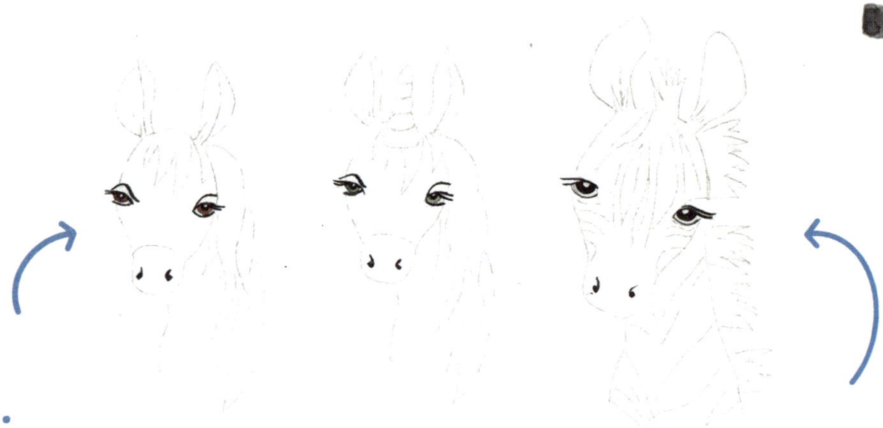

1.

Beginne mit den Augen, male Pupille, Augenrahmen und Wimpern. Danach malst du die Nasenlöcher.

2.

Nun ist die Mähne dran. Hier malst du nacheinander Strähne für Strähne, tupfe in den Ansatz etwas mehr Farbe hinein. Anschließend malst du die Nase von deinem Pferd oder deinem Einhorn. Bestreiche sie mit Wasser und lasse auch hier die Farbe einlaufen. Bei der Pferdenase lässt du neben einem Rosa von oben zusätzlich noch ein Braun einlaufen.

3.

Im dritten Schritt malst du die Ohren des Pferdes und des Einhorns und bei dem Zebra malst du das Fellmuster am Kopf. Nutze auch hier wieder erst klares Wasser und lasse die jeweilige Farbe einlaufen. Arbeite dich Fläche für Fläche vor.

4.

Es folgt das Fell beim Pferd und dem Einhorn, erst im Bereich des Kopfes und danach folgt bei allen drei der Körper. Nachdem du die Fläche befeuchtet hast, lässt du hier wieder die Farbe einlaufen. Beim Einhorn verwendest du ein helles Grau, beim Pferd hingegen ein Braun.

Laster

Skizze

Farbpalette

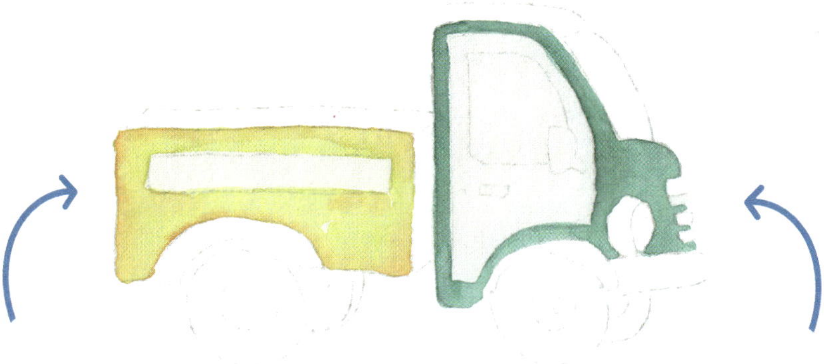

1.

Mit einem Gelb und Grün malst du die Bereiche vorne und hinten aus.

Erst trocknen lassen

2.

Nun bestreichst du die freien Bereiche der Ladefläche mit Wasser und tupfst ein knalliges Orange in das Wasser. Gehe bei den Rädern genauso vor. Beim Führerhaus malst du die Tür, das Dach und einen Teil der Lampe in einem weiteren Grün deiner Wahl.

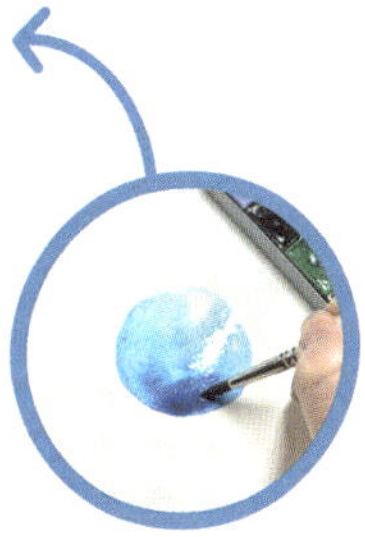

3.

Auch bei den Scheiben benetzt du die Fläche erst mit Wasser und lässt dann die Farbe von links unten einlaufen. Mit einem Grau malst du noch die Stoßstange, den Seitenspiegel, den Kühlergrill sowie die Schutzbleche. Die hinteren Reifen malst du mit einem Dunkelgrau.

Erst trocknen lassen

4.

Zum Schluss malst du noch die letzten Teile deiner Reifen mit einem hellen Grau aus und malst mit deinem Schwarz einen Schatten an den Spiegel, den Türgriff, die Lampe und den Kühlergrill. Nun mischst du dein Orange noch mit ganz wenig Schwarz und malst einen Schatten an die Ladefläche.

Mädchen & Junge

Skizze

Farbpalette

1.

Ziehe einen dicken Rahmen um die Kleidung und streiche die Farbe mit einem ausgespülten feuchten Pinsel in die Fläche hinein.

2.

Mit einem saftigen Gelb malst du dem Mädchen ihre Haare und dem Jungen seinen Gürtel. Bestreiche hierfür die Flächen mit klarem Wasser und tupfe die Farbe ein. Nun malst du in einer Hautfarbe (zartes Rosa mit ganz wenig Gelb vermischt) die Arme und das Gesicht des Mädchens aus. Bei den Stiefeln des Jungen ziehst du erst eine Kontur rechts und ziehst die Farbe anschließend mit deinem ausgewaschenen Pinsel in die Stiefelfläche hinein. Mit demselben Braun malst du dem Jungen noch seine Haare.

3.

Mit einem zarten Grau malst du erst eine dünne Kontur um das Hemd des Jungen und anschließend malst du einen breiten Schatten auf das Hemd. Nun malst du die Hose des Jungen, gehe dabei vor wie im ersten Schritt. Mit der gleichen Farbe malst du noch die Schuhe des Mädchens. Die Krone füllst du mit einem sonnigen Gelb.

4.

Jetzt malst du die Beine, den Hals und die Füße des Mädchens aus. Mit Schwarz und deiner Pinselspitze oder deinem Fineliner malst du die Teile des Huts, die Kleidträger, den Innenraum des Mundes und Teile der Stiefel.

5.

Mit deiner Hautfarbe malst du auf den Hals und im Gesicht etwas Schatten. Indem du eine weitere Schicht aufträgst, werden diese Bereiche dunkler. Mit einem kräftigen Rot malst du nun noch die Zunge.

Bär

Skizze

Farbpalette

1.

Beginne mit einem hellen Braun und male das Fell.

2.

Mit einem dunkleren Braun malst du einen Schatten am Hals und auf dem Kopf. Mit der gleichen Farbe füllst du das Innere der Ohren und malst auch dort einen Schatten darunter.

3.

Male die Kontur, die Augen und die Nase mit deinem Fineliner. Anschließend malst du die Nase in einem dunklen Grau aus und den Mund in einem Rot.

1584
Van Gogh
Du bist
Bärenstark.

Singvogel

Skizze

Farbpalette

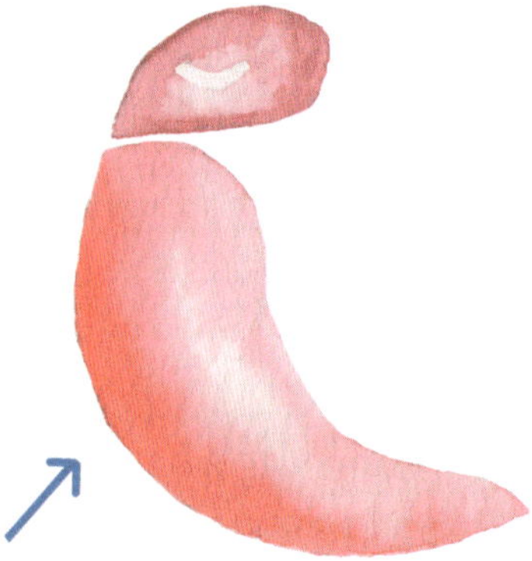

1.

Bestreiche Bauch und Gesicht des Vogels mit Wasser und lasse die Farbe von der linken Seite aus einlaufen. Spare dabei das Auge aus.

2.

Jetzt benetzt du den Kopf, Schnabel, Schwanz und Rücken mit Wasser und tupfst die Farbe von der Mitte aus in die Flächen. Lass alles trocknen und male eine weitere Schicht Farbe unter das Gesicht, auf den Schwanz und am Bauch. Diese Bereiche werden so dunkler. Das geschlossene Auge füllst du mit deiner grauen Farbe.

3.

Nun malst du den Flügel in einem dunkleren Grau aus, lässt alles trocknen und malst eine Kontur an die einzelnen Federn. Mit der gleichen dunklen Farbe malst du den unteren Teil des Schnabels an deinen Vogel und eine schmale Kontur unterhalb des Auges. Die Beine und Krallen malst du in einem strahlenden Gelb aus.

4.

Im letzten Schritt malst du eine Kontur in Orange an die Beine und die Krallen.

Lebkuchenmann

Skizze

Farbpalette

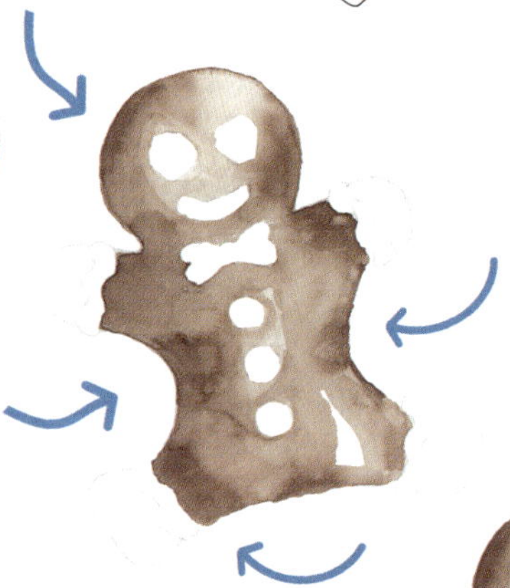

1.

Bestreiche im ersten Schritt die Fläche des Körpers mit klarem Wasser und lass dein Braun vom Rand aus in die Fläche einlaufen.

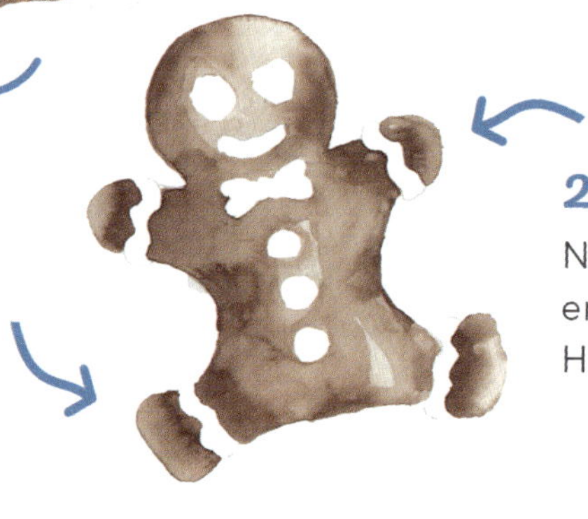

2.

Nun wiederholst du den ersten Schritt bei beiden Händen und Füßen.

3.

Für den dritten Schritt muss erst alles getrocknet sein, danach malst du mit deinem Braun eine zweite Schicht, den Schatten auf dein Männchen: unter den Augen, dem Mund, den Knöpfen, der Fliege sowie am Zuckerguss auf den Armen und den Beinen malst du eine Kontur, die so einen Schatten darstellt.

4.

Jetzt malst du die Fliege und die Knöpfe aus. Achte darauf, dass du Freiräume und somit Lichtpunkte setzt.

5.

Abschließend malst du mit einem Grau einen Schatten direkt auf den Zuckerguss. Aus Zuckerguss bestehen die Augen, der Mund und die Manschetten auf den Armen und Beinen.

Fröhliche
weihnachten

Watercolour
acid free
age resistant
natural white
surface sized
cold pressed
Aquarell
säurefrei
alterungsbeständig
naturweiß
oberflächengeleimt
matt
300 g/m²
140 lbs
cold pressed
matt
grain fin
grano fino
Ref. No. 10 628 040

Hexenhut

Skizze

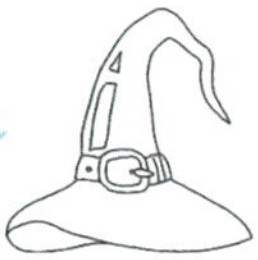

Farbpalette

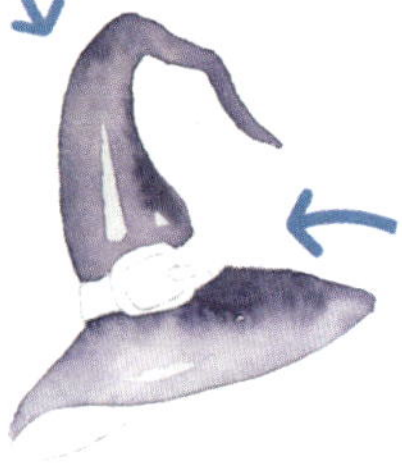

1.

Male den Hexenhut mit einem verdünnten Lila aus und lasse extra Farbe, doch diesmal weniger verdünnt, oben und auf der rechten Seite einfließen. Positioniere Lichtpunkte, indem du freie Flächen lässt.

2.

Nachdem alles gut getrocknet ist, malst du mit deinem kräftigen Lila den inneren Bereich des Hutes aus, also den Bereich links unten.

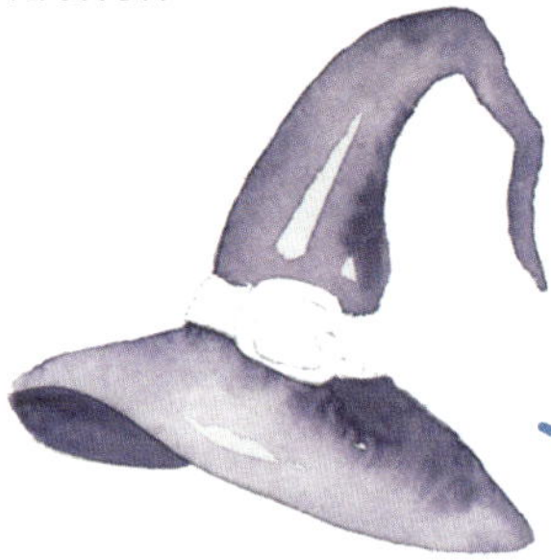

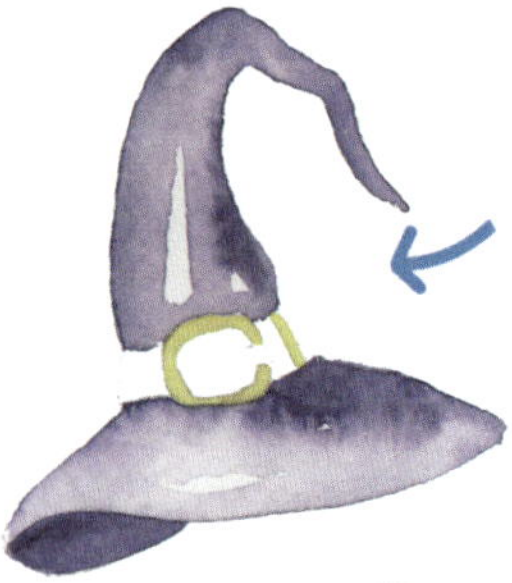

3.

Mit einem strahlenden Gelb malst du die Gürtelschnalle aus.

Erst trocknen lassen

4.

Nun folgt der Gürtel, benutze hierfür ein schönes Braun.

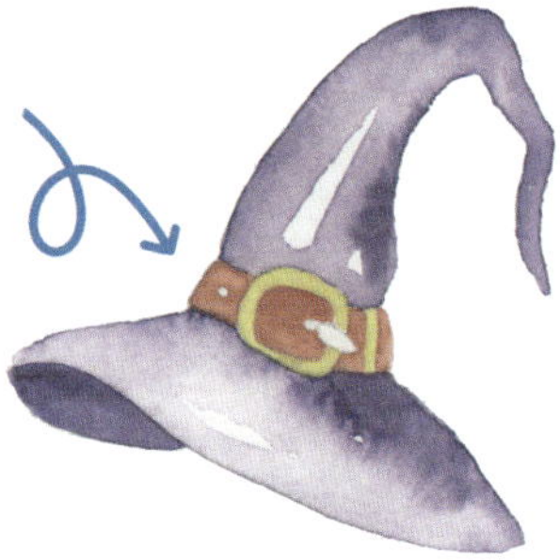

5.

Mit Schwarz malst du die Löcher in den Gürtel und setzt einen Schatten an die Gürtelschnalle und unterhalb des Gürtels.

Zauberstab

Skizze

Farbpalette

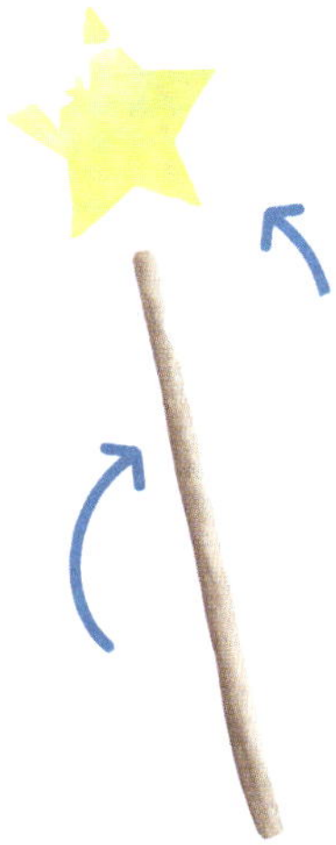

1.

Die Mitte des Sterns malst du mit einem verdünnten, aber sonnigen Gelb aus und lässt noch zusätzlich Farbe von unten einlaufen. So wirkt die untere Hälfte dunkler. Am Stiel malst du auf die linke Seite einen breiten braunen Strich, spülst deinen Pinsel aus und ziehst die Farbe in die Fläche des Stiels hinein. Achte darauf, die Stelle für den Knoten der Schleife und die zwei kleinen Sternen freizulassen.

2.

Wenn alles gut getrocknet ist, malst du den Rand des Sterns mit deinem weniger verdünnten Gelb aus und nach einer kurzen Trockenzeit malst du eine Kontur und Schatten in den Rand. Nutze hierfür dein Orange.

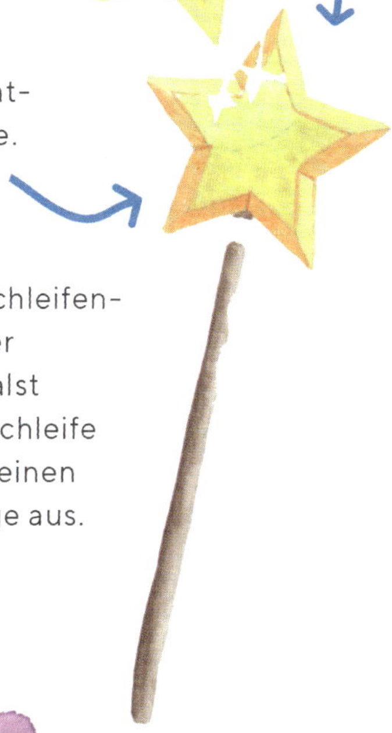

3.

Jetzt malst du in einem dunklen Lila den Schleifenknoten und den unteren verdrehten Teil der Schleife aus. Nachdem alles trocken ist, malst du dann in einem hellen Lila die restliche Schleife aus. Zum Schluss malst du noch die zwei kleinen Sterne auf deinem Stern mit deinem Orange aus.

Familie

Skizze

Farbpalette

1.

Starte mit den Flächen der Haut, hierzu gehören Arme und Hals. Fülle diese mit einem Hautton, lasse alles gut trocknen und male mit einem weniger verdünnten Hautton einen Schatten.

2.

Du machst weiter mit der Oberbekleidung und dem Fell des Hundes. Bestreiche die jeweiligen Bereiche mit Wasser und lasse anschließend die Farbe einlaufen. Die Fläche muss erst getrocknet sein, bevor du mit einer direkt anliegenden Fläche bzw. Kleidung weitermachst wie z.B. mit dem Hemdkragen.

3.

Gehe bei den Hosen, Haaren und dem Tuch wie im zweiten Schritt vor.

4.

Zum Schluss folgen der Gürtel, die Hosentaschen und das Rockmuster. Male die Teile mit der Farbe deiner Wahl einfach aus. Im Anschluss daran nimmst du deinen weißen Marker zur Hand und malst auf das Tuch des Hundes und das Oberteil der Mutter weiße Punkte.

MEINE Familie ist die Beste

1584
Hahnemühle Harmony Watercolour 300
van Gogh
191
No. 6
SELECTED FILAMENT
ROYAL TALENS

Rucksack

Skizze

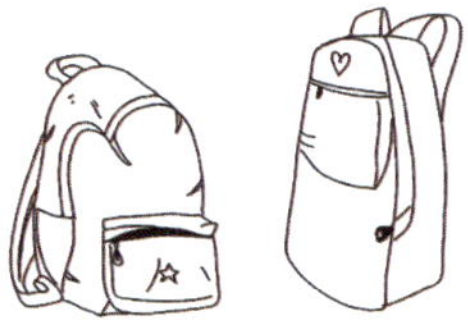

Farbpalette

1.

Bestreiche die ersten Bereiche mit klarem Wasser und lasse anschließend vom Rand aus deine Farbe einlaufen.

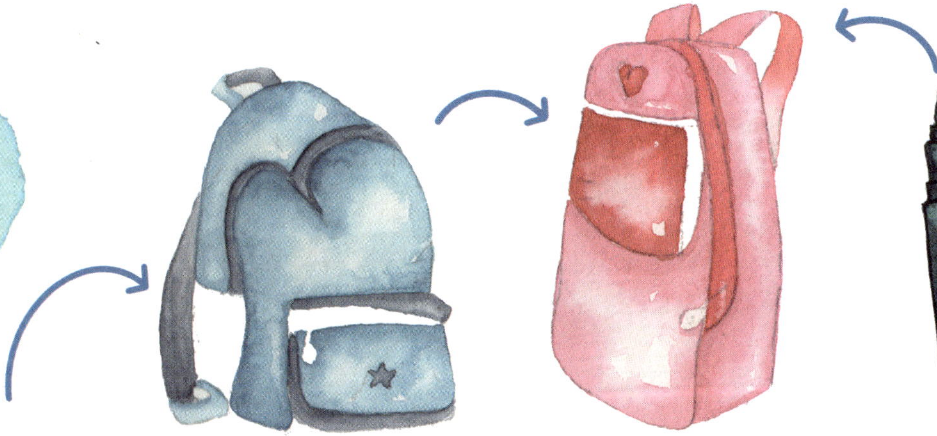

2.

Wenn alles trocken ist, malst du die Teile des Tragegurts, der Fronttaschen sowie das Herz oder den Stern aus.

3.

Wenn alles gut getrocknet ist, malst du die seitlichen Bereiche der Vordertasche und die Seitentasche des blauen Rucksacks in einer dunkleren Farbe.

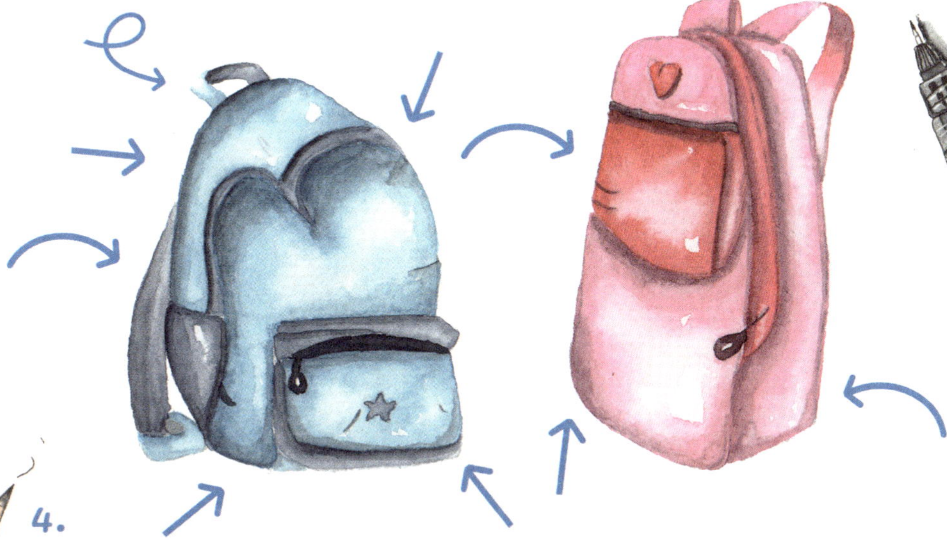

4.

Pinker Rucksack: hier malst du die Naht oberhalb der Fronttasche in einem Schwarz, anschließend mischst du dein Schwarz mit deinem Pink und malst einen blassen Schatten unterhalb der Fronttasche, am Tragegurt, hinter den Reißverschluss und am linken unteren Rand.
Blauer Rucksack: auch hier malst du erst die Naht am Reißverschluss mit deinem Schwarz, mischst dieses anschließend mit deinem Blau und malst einen blassen Schatten oberhalb der und auf die Fronttasche, unterhalb des Reißverschlusses, an dem Griff und im hinteren Bereich des Rucksacks.

Flugdino

Skizze

Farbpalette

1.

Starte mit einem verdünnten hellen Grün und male als Erstes den Körper.

Erst trocknen lassen

2.

Mit einem Braun malst du die Randbereiche der Flügel und ziehst die Farbe mit deinem ausgespülten Pinsel in die Fläche hinein. Auf den Körper setzt du ein paar Punkte in zwei unterschiedlichen Grüntönen.

3.

Nun bestreichst du die Flächen im Flügel mit Wasser und lässt ein helleres Braun einlaufen. Mit einem dunklen Braun malst du die Krallen an den Händen und Füßen. Im Anschluss daran kannst du nun den Stern auf der Brust und das Auge malen. Mit deiner Pinselspitze und einem Schwarz ziehst du eine Kontur um das Auge und malst dem Flugdino Wimpern und einen Mund.

4.

Im letzten Schritt malst du Striche auf die Krallen am Fuß und an den Händen. Mit deinem Fineliner malst du eine Kontur um das Auge und anschließend den Mund.

Hahnemühle
1584
Einladung
29. April
PARTY
Ref. No. 10 628 040

Aquarelle
sans acide
inaltérable
blanc nature
collé en surface
grain fin
Acuarela
libre de ácido
blanco natural
encolado en superficie
grano fino
g/m²
140 lbs
21 x 29,7 cm
8,3 x 11,7 inch
12

Tom & Edgar

Skizze

Farbpalette

1.

Bestreiche im ersten Schritt die Fläche von Edgar, der oberen Eiskugel, mit klarem Wasser und lass dein Türkis vom Rand aus in die Fläche einlaufen. Das Gleiche wiederholst du bei der Eiswaffel, nur diesmal verwendest du ein Braun.

2.

Nun wiederholst du den ersten Schritt bei Tom, der unteren Eiskugel.

Erst trocknen lassen

3.

Im dritten Schritt malst du mit deinem Grün die Nase von Edgar aus und anschließend malst du dünne Streifen in deinem Braun auf die Eiswaffel.

4.

Jetzt malst du Edgar Augen und eine Zunge. Tom hingegen bekommt Augenlider. Auf der Eistüte selbst malst du, entgegengesetzt zu den ersten Linien aus dem 3. Schritt, weitere Linien.

5.

Zum Schluss nimmst du dir deinen Fineliner zur Hand und malst Edgar und Tom die Augenumrandung sowie die Pupillen und anschließend beiden ihren Mund. Mit einem verdünnten Schwarz, also Grau, malst du einen Schatten unterhalb der jeweiligen Eiskugel und auf die Waffel und als Wurfschatten neben der Waffel.

Dino-Skelett

Skizze

Farbpalette

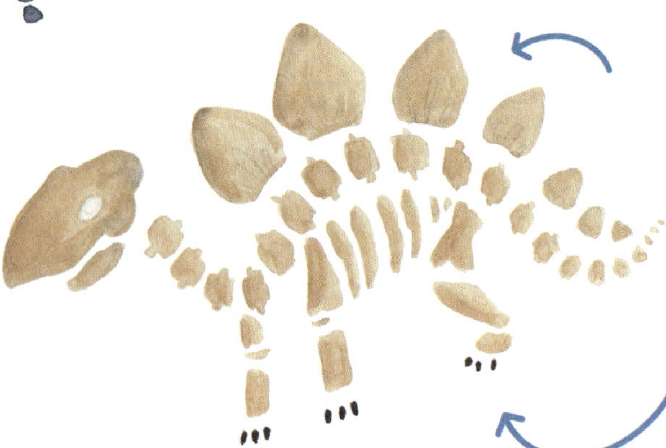

1.

Starte mit einem hellen Braun und male die einzelnen Knochen aus. Die Krallen malst du in einem Schwarz.

Erst trocknen lassen

2.

Mit einem verdünnten Grau malst du nun einen Schatten auf jeden einzelnen Knochen. Danach malst du mit deinem Braun das Muster auf die einzelnen Knochen. Die Augenumrandung füllst du mit einem Grau und anschließend malst du das Auge in Schwarz.

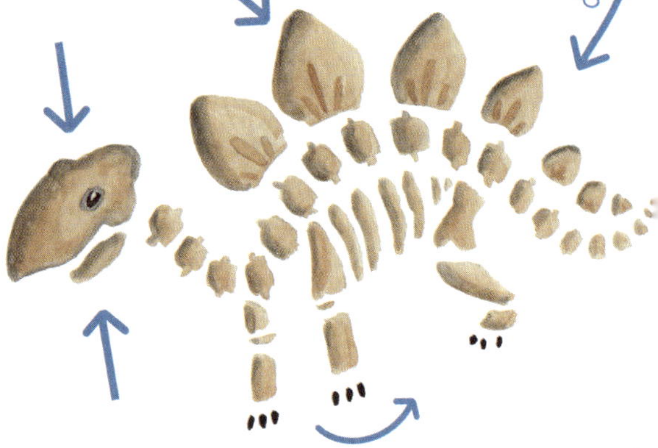

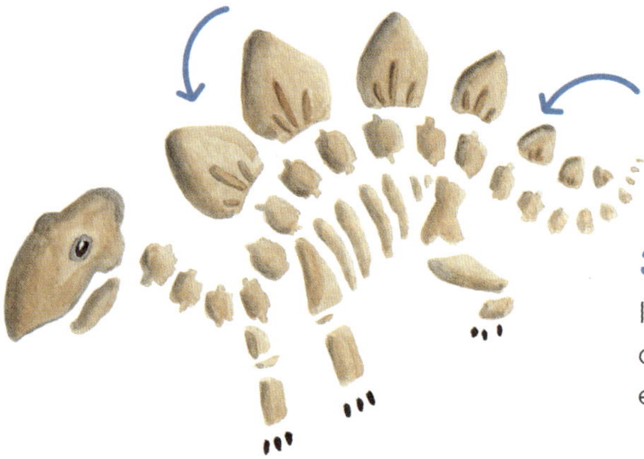

3.

Im dritten Schritt malst du an den Mustern auf den Knochen einen schmalen Schatten.

Lupe

Skizze

Farbpalette

1.

Das Lupenglas bestreichst du mit Wasser, spare hierbei zwei kleine Bereiche aus und tupfe von der linken Seite aus dein kräftiges Blau hinein. Achte darauf, dass sich ein schöner Verlauf von Dunkel in Hell ergibt. Den Lupengriff malst du in einem hellen Braun aus.

Erst trocknen lassen

2.

Nun malst du zum einen die Lupenumrandung in einem hellen Grau und zum anderen malst du auf dem Griff mit einem dunklen Braun ein paar wenige Bögen als Holzmaserung.

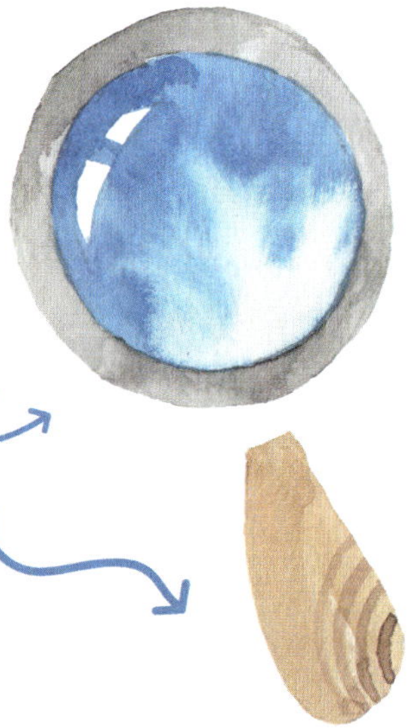

3.

Im letzten Schritt und wenn alles getrocknet ist malst du erst den unteren Teil der Lupenumrandung wieder in deinem Grau. Danach malst du einen Schatten auf das Glas und oberhalb des Holzgriffs.

Flugzeug

Skizze

Farbpalette

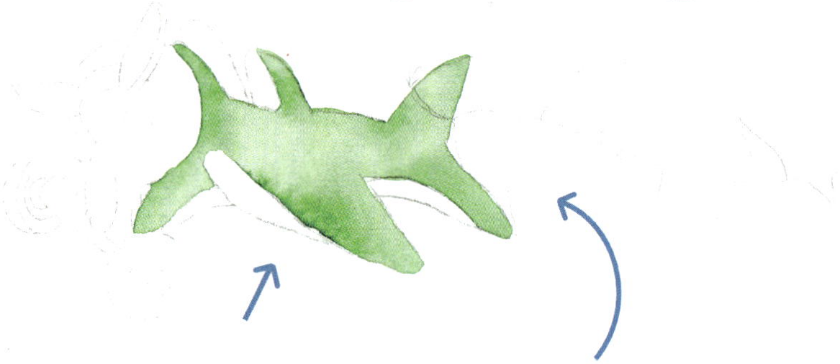

1.

Beginne mit einem saftigen Grün und lasse an den Flügeln und am vorderen Teil extra Farbe einfließen.

2.

Im zweiten Schritt widmest du dich der Wimpelkette, gehe bei den Wimpeln so vor wie im ersten Schritt. Lasse aber die Wimpeln erst vollständig trocknen, bevor du das Band malst. Nutze hierfür deine Pinselspitze oder einen wasserfesten Fineliner. Anschließend malst du den Sitz, die Scheibe, den Flugzeugbauch mit der Front und den unteren Teil des Flügels und danach nur noch den hinteren Teil des oberen Flügels sowie Teile der Räder mit einem sehr dunklen Grau bemalen.

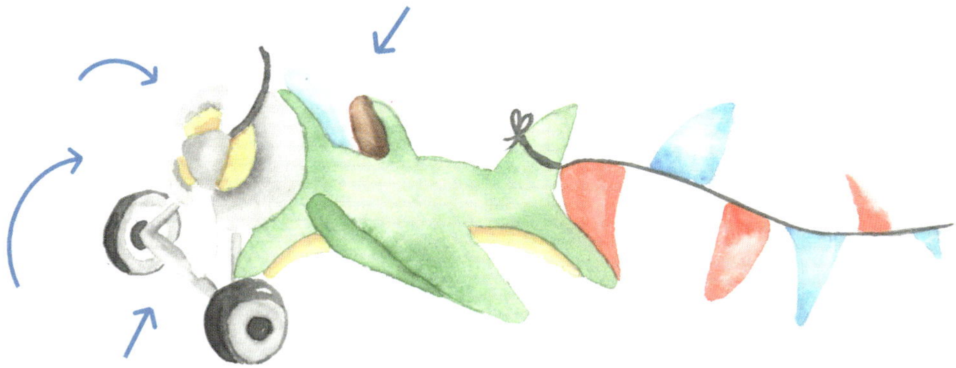

3.

Mit einem verdünnten hellen Grau malst du die Umrandung der Flugzeugspitze, von dem Fahrweg und den Rädern aus. Am Sitz malst du mit deinem dunklen Braun eine Kontur und verleihst ihm so einen Schatten.

4.

Im letzten Schritt malst du mit deinem Grau die Rotorblätter aus und malst auf der Flugzeugspitze einen Schatten.

Fuchs

Skizze

Farbpalette

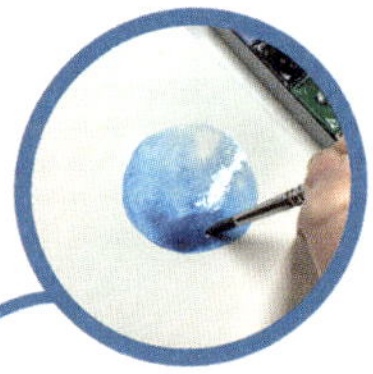

1.

Male den Körper mit einem verdünnten Orange aus und lasse anschließend besonders im oberen Bereich ein kräftiges Rot einfließen.

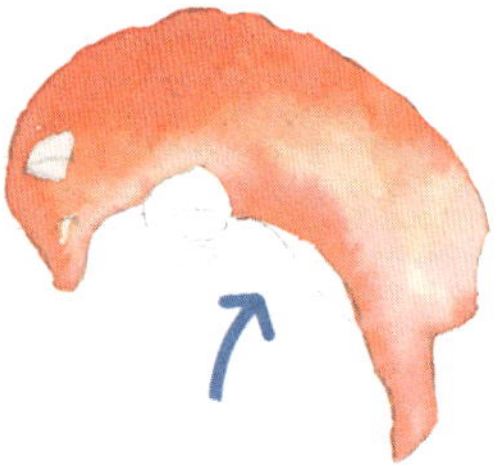

Erst trocknen lassen

2.

So wie im ersten Schritt gehst du auch beim Schwanz vor.

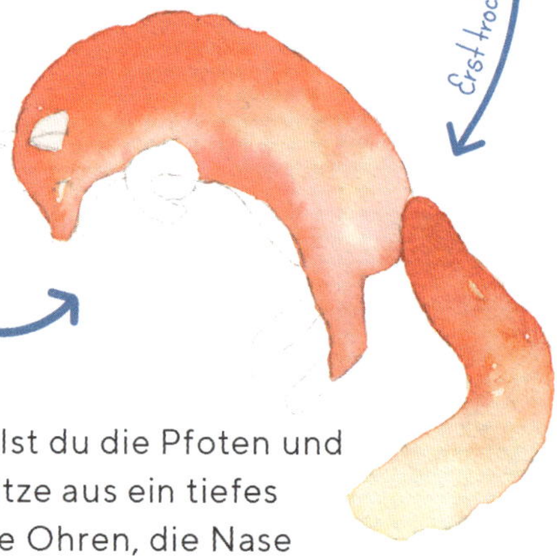

3.

Mit einem Grau bemalst du die Pfoten und lässt dann von der Spitze aus ein tiefes Schwarz einlaufen. Die Ohren, die Nase und den Bereich unterhalb der Schnauze malst du auch mit deinem Schwarz aus.

4.

Zum Schluss malst du mit Orange die Fläche des Bauches aus und tupfst anschließend noch etwas blasses Rot in den Bauch hinein. Mit deinem Grau füllst du die Ohren.

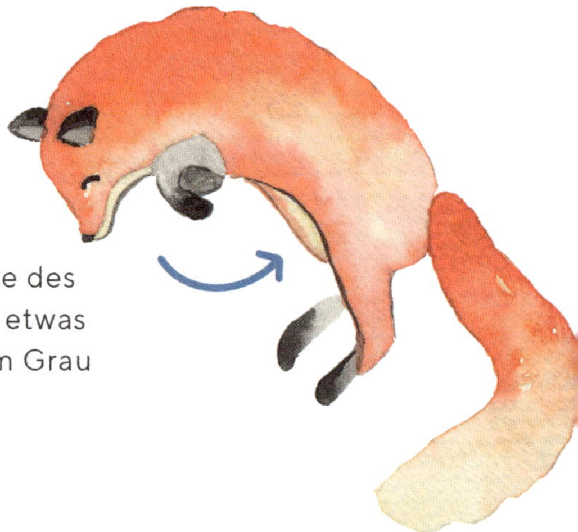

Braunbär

Skizze

Farbpalette

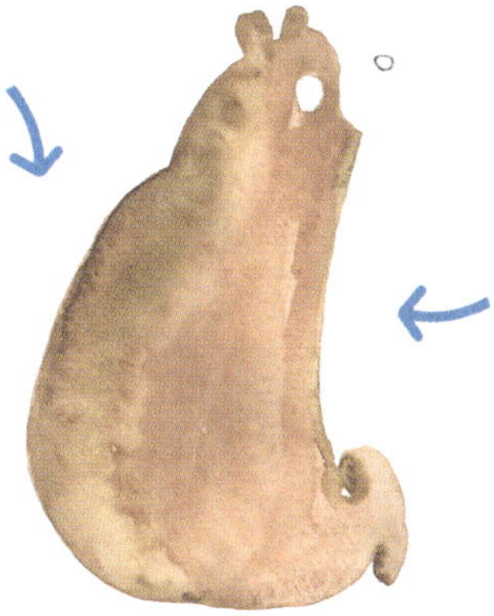

1.

Bestreiche die gesamte Fläche des Körpers mit klarem Wasser und lasse deine Farbe vom Rücken und vom Bauch aus in die Fläche laufen. Spare dabei die Schnauze und die Wangen aus.

2.

Wenn alles gut getrocknet ist, malst du mit einem zarten Rosa die Wangen und die Schnauze deines Bären aus. Mit Braun und dicken kurzen Pinselstrichen malst du noch das Schwänzchen.

3.

Im letzten Schritt malst du mit deiner Pinselspitze und deiner schwarzen Farbe die Augen und die Nase des Bärens.

Blaubeeren

Skizze

Farbpalette

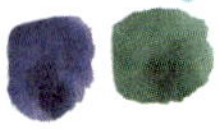

1.

Als Erstes malst du mit einem verdünnten Lila die Beeren und mit einem verdünnten Grün die Blätter.

2.

Im zweiten Schritt malst du die Blaubeerspitzen mit einer diesmal kräftigeren Farbe in den noch feuchten ersten Schritt. Auch bei den Blättern tupfst du noch etwas satteres Grün in das helle noch feuchte Grün hinein.

Erst trocknen lassen

3.

Am Ende malst du mit deinem satten Grün einen mittigen Strich in deine Blätter. Bei den Beeren ziehst du nun mit deinem Lila noch eine Kontur um die einzelnen Spitzen und malst einen Schatten an die Stellen, wo deine Beeren sich berühren.

Blume

Skizze

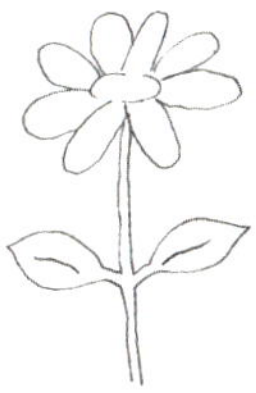

Farbpalette

1.

Im ersten Schritt zeichnest du deine Skizze mit einem wasserfesten Fineliner nach. Anschließend malst du die Blütenmitte mit einem sonnigen Gelb aus und tupfst in den unteren Teil ein knalliges Orange.

Erst trocknen lassen

2.

Mit einem zarten Grau malst du nun eine breite Kontur, also einen Schatten in die einzelnen weißen Blütenblätter.

3.

Zum Schluss füllst du den Stiel mit einem Grasgrün und tupfst ein dunkleres Grün in die noch feuchten Blätter und in den Stiel hinein.

van Gogh
Hahnemühle
1584
Abenteuer-Party
Am: 12.
Um: 16:00
grano fino
Ref No 10 628 040

Aquarelle
sans acide
inaltérable
blanc nature
collé en surface
grain fin
Acuarela
libre de ácido
blanco natural
encolado en superficie
grano fino
g/m²
140 lbs
21 x 29,7 cm
8,3 x 11,7 inch
12

Fliegenpilz

Skizze

Farbpalette

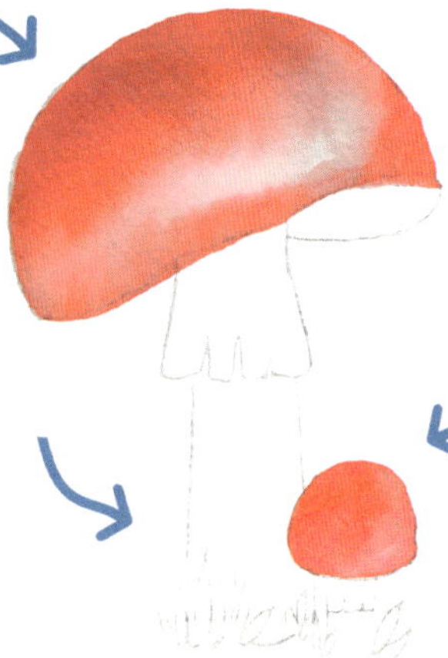

1.

Im ersten Schritt bestreichst du die Fläche der Pilzhüte mit klarem Wasser und lässt dein Rot vom Rand aus in die Fläche hineinlaufen.

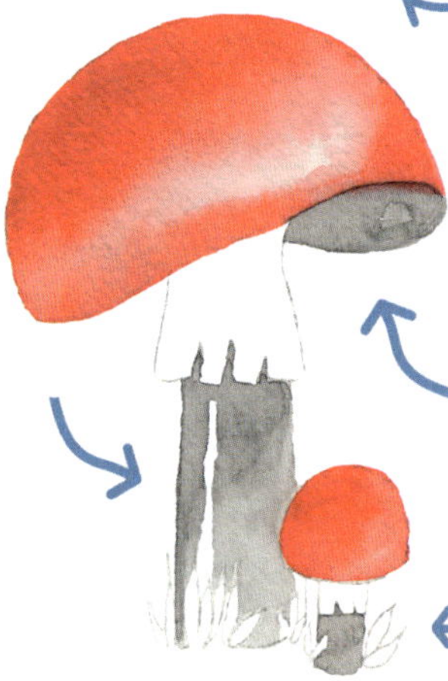

2.

Nun malst du die ersten Bereiche der Stiele und den inneren Teil des Pilzkopfs mit deinem Grau aus.

Erst trocknen lassen

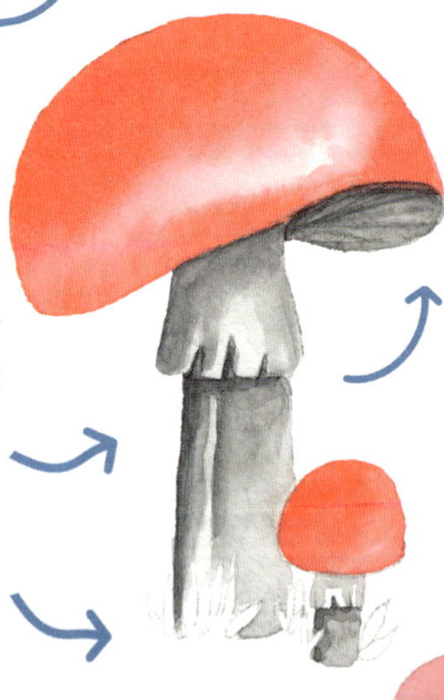

3.

Im dritten Schritt malst du wieder in deinem Grau die Lamellen, also die Struktur auf deinen Fliegenpilz. An den Stielen malst du einen ersten Schatten.

4.

Wieder sollte erst alles gut getrocknet sein, bevor du weitermachst. Jetzt malst du in einem saftigen Grün das Gras an die beiden Pilze.

5.

Auf dem Pilzhut malst du mit deinem weißen Marker oder deinem Deckweiß aus deinem Schulmalkasten viele kleine weiße Punkte. Du lässt alles kurz trocknen und malst anschließend an jeden Punkt in deinem Grau einen kleinen Bogen. Der Bogen stellt einen Schatten da. Nun nimmst du dein Grau erneut zur Hilfe und malst einen kräftigen zweiten Schatten unterhalb der Pilzköpfe.

KEIN **Herz** IST ZU KLEIN, UM EIN **Glückspilz** ZU SEIN

Taucherbrille & Medaille

Skizze

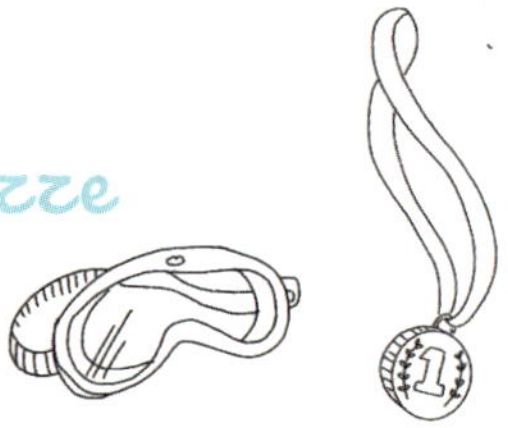

Farbpalette

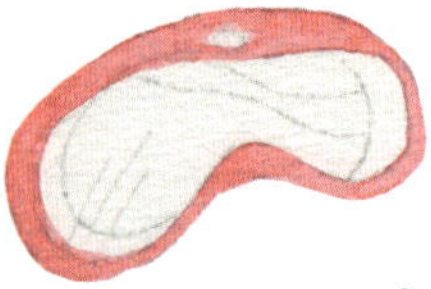

1.

Beginne mit dem Rahmen in einem schönen Rot.

2.

Nun folgt der innere Bereich und ein Teil des Riemens in einem Lila. Auch der Punkt auf der Brille ist lila.

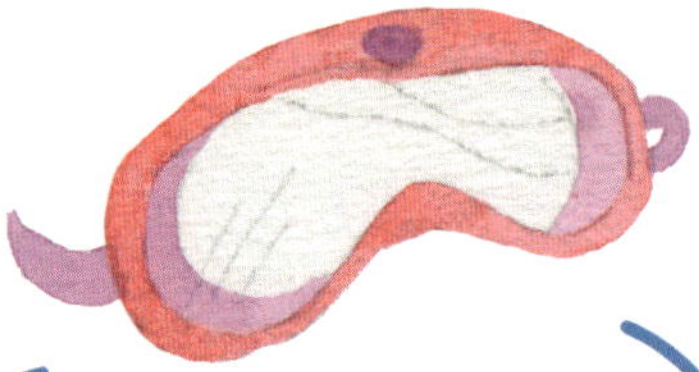

3.

Den hinteren Teil des Riemens malst du in deinem Rot und setzt nach dem Trocknen rote dünne Striche darauf. Das Gleiche wiederholst du auf dem vorderen Teil, nur diesmal in Lila. Das Glas malst du in einem hellen Blau, male über die innen liegenden Bereiche des Riemens hinaus.

Erst trocknen lassen

1.

Starte mit einem leuchtenden Gelb und male die Medaille damit aus.

2.

Mit deinem Orange malst du die Ziffer und den hinteren Bereich der Medaille aus.

3.

Im letzten Schritt bestreichst du den hinteren Teil des Bandes mit Wasser und lässt ein leuchtendes Rot von links einlaufen. Wenn alles trocken ist, wiederholst du dies beim vorderen Teil des Bandes. Auf die Medaille selbst malst du noch zwei Zweige in Orange.

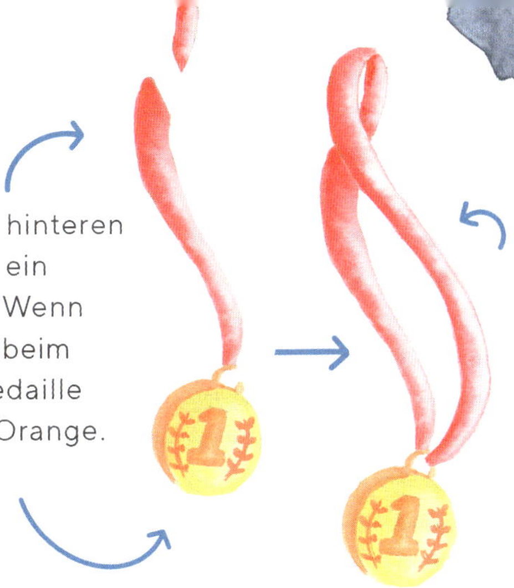

Taucherflosse

Skizze

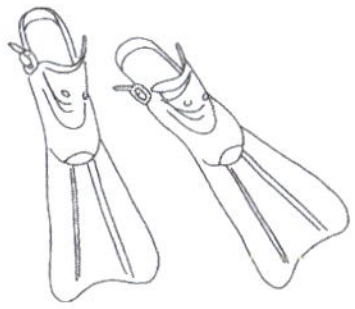

Farbpalette

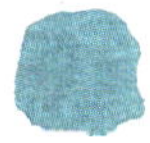

1.

Im ersten Schritt bestreichst du den vorderen Teil mit Wasser und lässt deine helle Farbe von außen in die Fläche einlaufen.

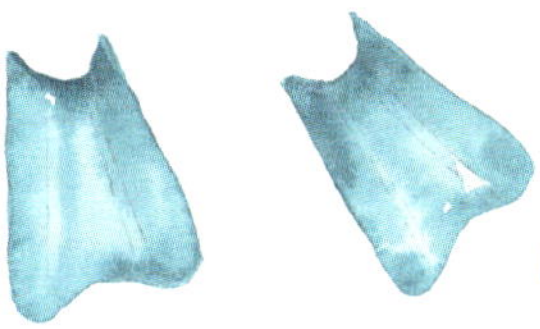

2.

Wiederhole alles auch im oberen Teil, spare hierbei die dunklen Stellen aus.

3.

Lass wieder alles gut trocknen und male mit einem dunklen Blau die noch freien Bereiche auf der Flosse und am Verschluss aus. Zum Schluss malst du mit deiner Pinselspitze und der hellen blauen Farbe jeweils zwei dünne Linien auf die Flossen und einen leichten Schatten bei der Zehenspitzenöffnung.

Hund mit Knochen

Skizze

Farbpalette

1.

Streifen für Streifen: im ersten Schritt füllst du jeden zweiten Streifen mit Farbe und lässt von oben etwas mehr Farbe in die Streifen laufen. Es entsteht ein Zebra-Hund.

Erst trocknen lassen

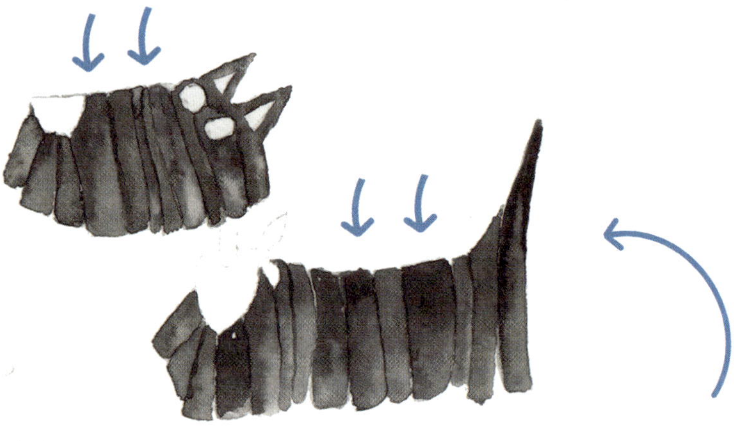

2.

Im zweiten Schritt malst du die freien Streifen wie im ersten Schritt aus. So entsteht eine Kontur zwischen den einzelnen Streifen.

3.

Nun malst du das Tuch. Bemale danach die Nase und die Augen und lasse hier kleine Freiräume.

4.

Mit einem weißen Marker tupfst du weiße Punkte auf das Tuch. Nun geht es ran an den Knochen. Male diesen mit einem hellen Braun aus und nachdem diese Schicht getrocknet ist, malst du mit einem dunklen Braun einen Schatten.

Bleistift

Skizze

Farbpalette

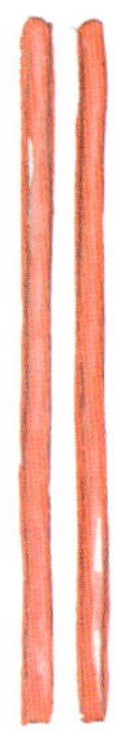

1.

Benetze die äußeren Bereiche mit einem zarten Rot und lasse ein kräftiges Rot von den Rändern aus einlaufen. Die Mitte bleibt frei.

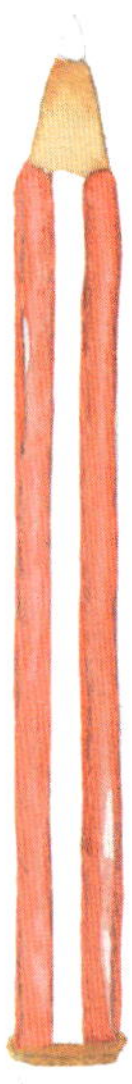

2.

Jetzt malst du die Spitze und den Goldbeschlag am Ende des Bleistiftes mit einem goldigen Hellbraun aus. In die Stiftspitze lässt du etwas mehr Farbe einlaufen.

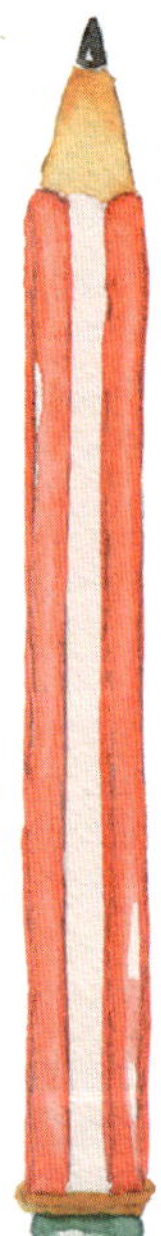

3.

Mit einem schönen Grün bemalst du die Fläche des Radiergummis. Lass hier einen kleinen Freiraum, um so einen Lichtpunkt zu erzeugen.

Pinsel

Skizze

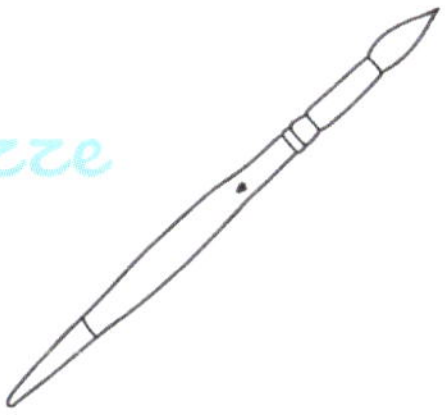

Farbpalette

1.

Im ersten Schritt malst du den Pinselkörper in einem Rotbraun und danach die gesamte Pinselspitze in einem hellen Braun. Anschließend tupfst du dann in den oberen noch feuchten Bereich der Pinselspitze ein dunkles Braun. Achte darauf, dass du auf deinem gesamten Pinsel einen Freiraum lässt, um so Lichtspiegelungen darzustellen.

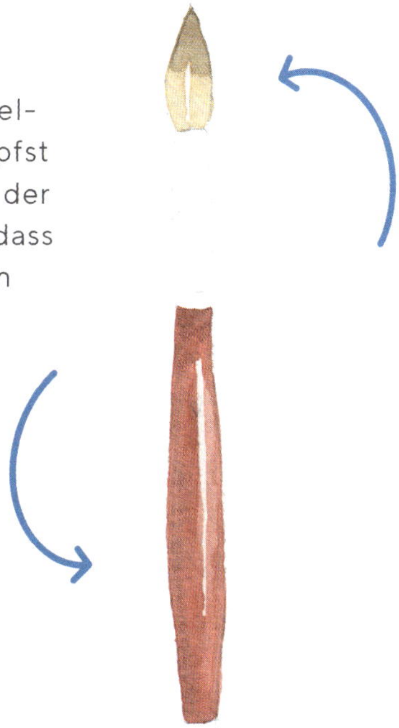

2.

Beim Metallbeschlag des Pinsels und dem Pinselende gehst du wie bei der Pinselspitze vor. Wenn du möchtest, kannst du mit deinem Rot und der Pinselspitze noch ein kleines Herz auf deinen Pinsel malen.

Lolli & Lutscher

Skizze

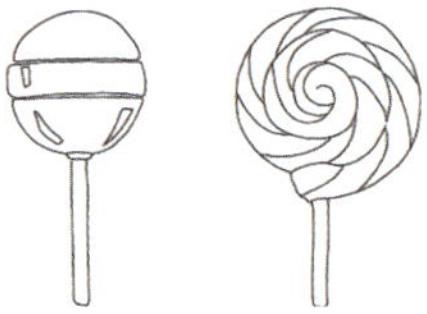

Farbpalette

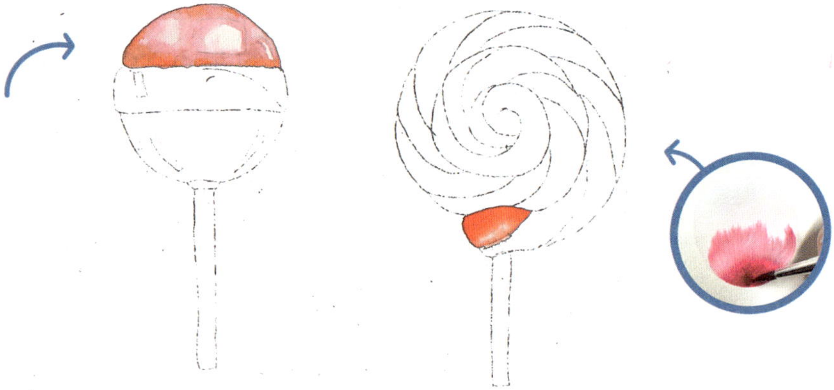

1.

Bestreiche die einzelnen Felder nacheinander mit klarem Wasser und lasse deine Farbe einlaufen. Gehe hierbei Feld für Feld vor und lasse erst jedes Feld trocknen, bevor du mit dem nächsten weitermachst.

2.

Arbeite dich dabei Fläche für Fläche vor. Achte darauf, dass du die einzelnen Flächen erst trocknen lässt, bevor du das nebendran liegende Teilstück bearbeitest.

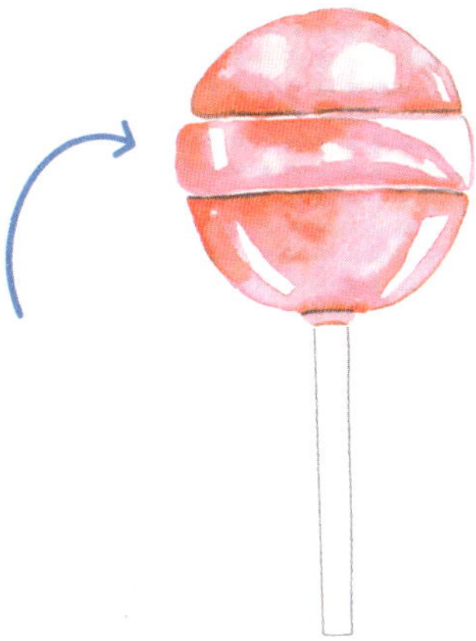

3.

Mische dein Rot oder Pink nun mit Grau und setze einen dünnen Schatten auf deinen Lutscher oder Lolli. Achte dabei darauf, dass du nur an den Linien einen Schatten malst, wo sich die einzelnen Bereiche des Lutschers oder Lollis treffen. Beim Lutscher sind es die einzelne Spiralen und beim Lolli das Oberteil, die Mitte und das Unterteil, die aufeindertreffen.

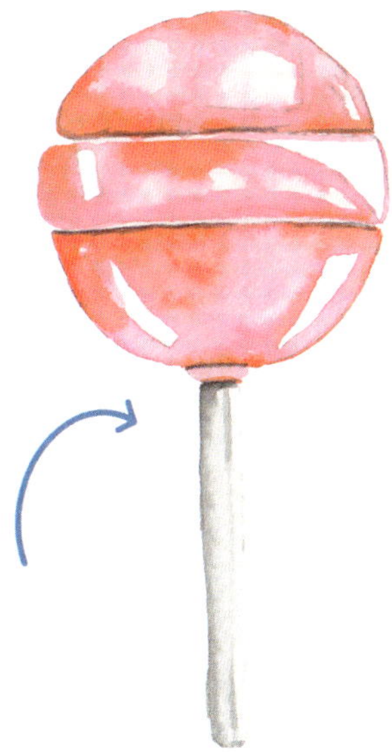

4.

Im letzten Schritt malst du den Stiel. Nutze hierfür ein helles Grau. Lass alles gut trocken und male noch einen Schatten an das obere Ende des Stiels.

Ballon

Skizze

Farbpalette

1.

Bestreiche im ersten Schritt die Fläche des Ballons mit klarem Wasser und lass dein Rosa von rechts aus in die feuchte Fläche einlaufen. Achte dabei darauf, dass du einen großen Lichtpunkt auf der rechten Seite freilässt. Danach malst du in der gleichen Farbe das Herz auf den Umschlag.

2.

Mit Grau malst du die ersten Teile des Umschlags aus.

Erst trocknen lassen

3.

Nun malst du wieder in deinem Grau den unteren Teil des Umschlags aus.

4.

Jetzt fehlt noch das letzte Teil des Umschlags. Male wieder, wenn alles bereits getrocknet ist, mit deinem Grau den oberen Bereich des Umschlags aus. Es ist wichtig, dass du nach und nach die einzelnen Teile des Umschlags ausmalst. Durch die Berührung der einzelnen trockenen Flächen schaffst du so eine schmale Kontur und die Gesamtfläche ist als Umschlag zu erkennen.

5.

Mit deinem schwarzen Fineliner malst du nun die Schnur und die Schleife an deinen Luftballon.

Pandabär

Skizze

Farbpalette

1.

Beginne mit den Ohren, der Nase, der typischen Augenumrandung und der Schnauze. Nutze hier dein Schwarz und fülle die einzelnen Flächen. Nur bei den Ohren ziehst du innen eine Kontur und streichst diese mit deinem ausgespülten Pinsel in die Fläche hinein.

2.

Im zweiten Schritt malst du deinem Panda braune Augen. Die Arme bestreichst du erst mit klarem Wasser und tupfst dann dein Schwarz vom Rand aus ein. Die zwei Bereiche neben deinem Panda, die den inneren Bereich der Tasse darstellen, malst du mit einem kräftigen Blau aus, sie sollen dunkler sein, als der Rest der Tasse. Bei dem Tassenhenkel und Tassenfuß gehst du wie bei den Armen vor.

3.

Beim Pandabauch und auch dem Tassenbauch gehst du wie im zweiten Schritt vor. Lass im Tassenbauch einen Freiraum und erzeuge so einen Lichtpunkt. Jetzt malst du deinem Panda noch mit deiner Pinselspitze und deinem Schwarz die Pupillen. Auf den inneren Bereich der Tasse malst du eine zweite Schicht mit deiner blauen Farbe.

4.

Im letzten Schritt malst du die Krallen. Für den Schatten im Gesicht, am Bauch und auf den Ohren benutzt du ein sehr stark verdünntes Schwarz.

Kronen

Skizze

Farbpalette

1.

Den oberen Teil malst du in einem sonnigen Gelb. Lasse alles kurz trocknen und male anschließend an den äußeren Rändern eine breite Kontur auf deine Krone. Den unteren Bereich deiner Krone benetzt du mit Wasser und lässt ein helles Orange von einer Seite aus einfließen.

2.

Fülle die letzten freien Flächen mit deiner orangenen Farbe und male anschließend die Edelsteine auf deine Krone.

Sonnenbrille

Skizze

Farbpalette

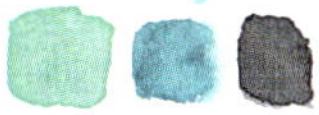

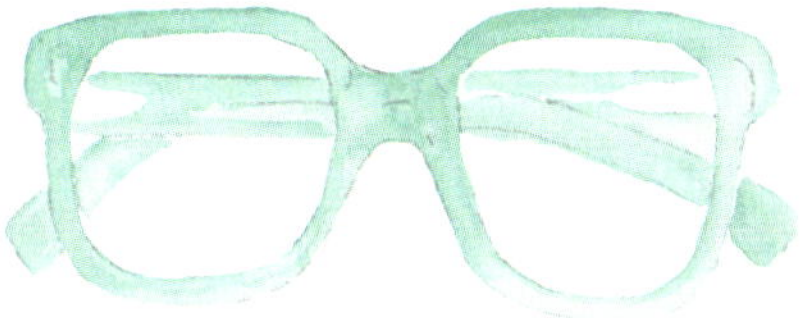

1.

Male den Brillenrahmen in einem hellen Farbton aus.

Erst trocknen lassen

2.

Nun malst du in der gleichen Farbe Konturen an den Bereich der Brillengläser und auf den Rahmen selbst. In einem Blau malst du den Metallbeschlag auf den innen liegenden Brillenbügeln.

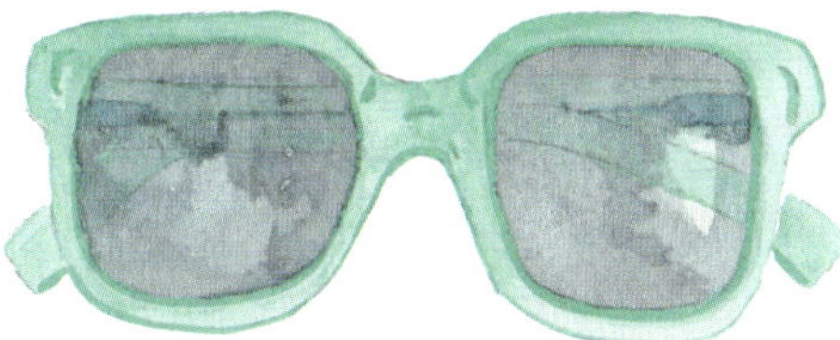

3.

Wenn alles getrocknet ist, verdünnst du nun dein Schwarz zu einem blassen Grau und malst die Brillengläser aus. Vermeide hierbei mehrfaches Wischen auf der Fläche, um die Farbe der Bügel nicht abzulösen. Lasse alles trocknen und wiederhole diesen Teilschritt.

Be
HAPPY

Hahnem
1584

Maus

Skizze

Farbpalette

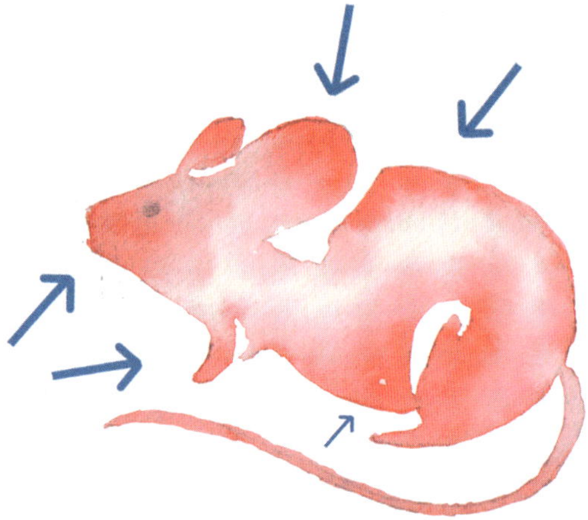

1.

Bestreiche die gesamte Fläche der Maus mit Wasser und lasse von den Ohren, der Nase, dem Bauch, dem Füßlein und der Schwanzspitze deine Farbe einfließen. Hierzu tupfst du die Farbe einfach in die Wasserschicht hinein.

2.

Mit deiner Pinselspitze und der gleichen Farbe malst du nun die Schnurrhaare, Nase und die Augen.

Katze

Skizze

Farbpalette

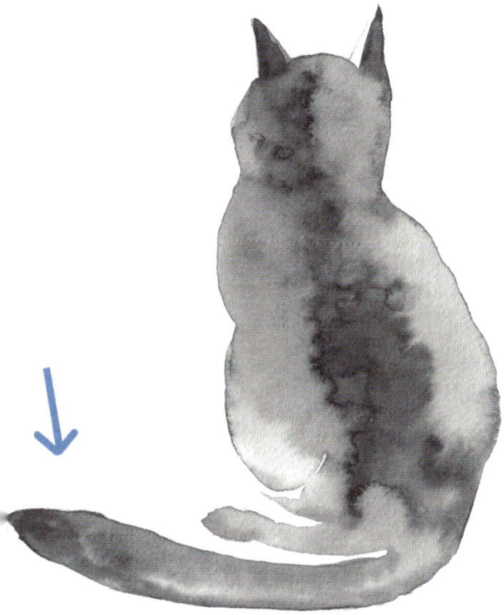

1.

Bei der Katze gehst du vor wie bei der Maus. Lasse jedoch hier deine Farbe von den Ohrenspitzen, der Rückenmitte und der Schwanzspitze einlaufen. Beachte, dass die Hälfte des rechten Ohrs frei bleibt.

Erst trocknen lassen

2.

Nun malst du in einem tiefen Schwarz die Schnurrhaare und in einem verdünnten Schwarz den inneren Teil des rechten Ohrs.

Weihnachtsmütze

Skizze

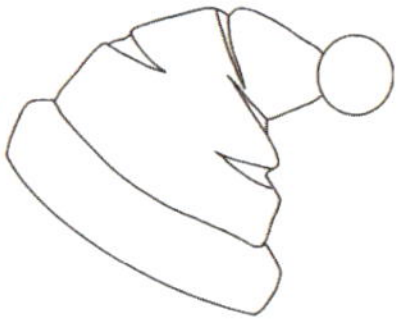

Farbpalette

1.

Starte mit klarem Wasser und benetze den später roten Bereich der Mütze. Anschließend lässt du deine rote Farbe von rechts aus einlaufen.

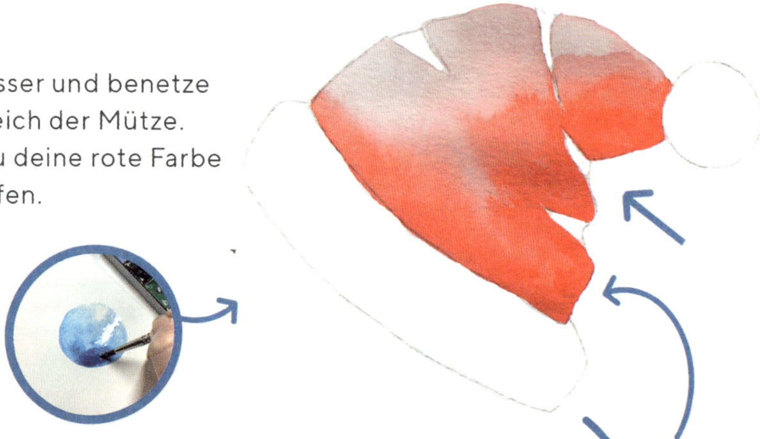

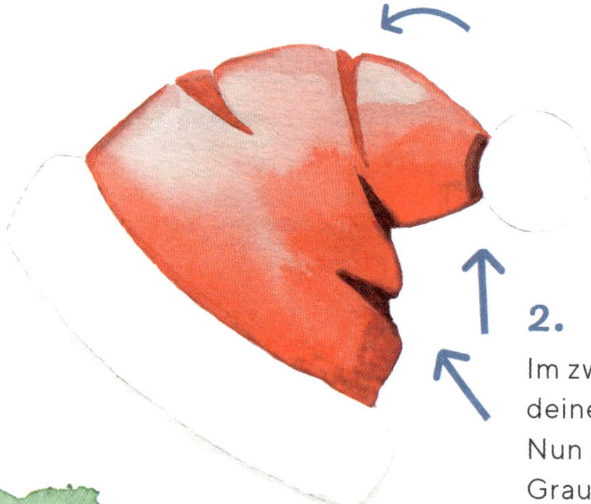

2.

Im zweiten Schritt füllst du mit deinem Rot die beiden oberen Falten. Nun mischt du dein Rot mit etwas Grau und füllst die beiden unteren Falten der Mütze und malst auch eine Kontur an den Mützenbommel.

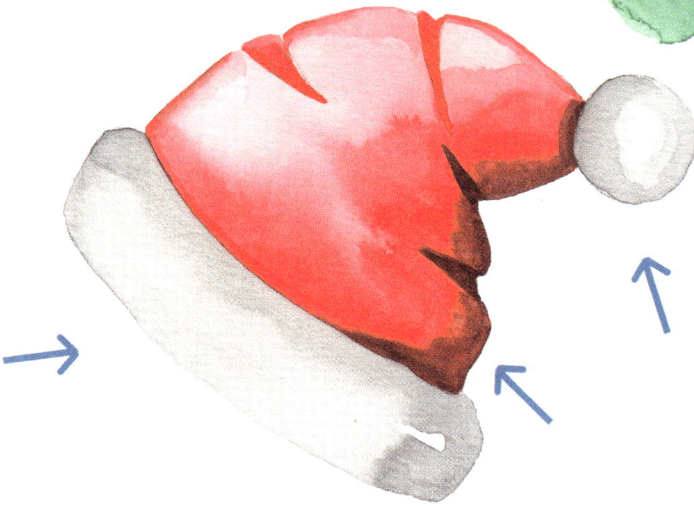

3.

Nun malst du mit deinem dunkel angemischten Rot einen Schatten auf den hinteren Bereich der Mütze. Mit einem verdünnten Grau malst du den Bommel und den unteren Rand der Mütze aus. Lass dabei kleine freie Flächen als Lichtpunkte.

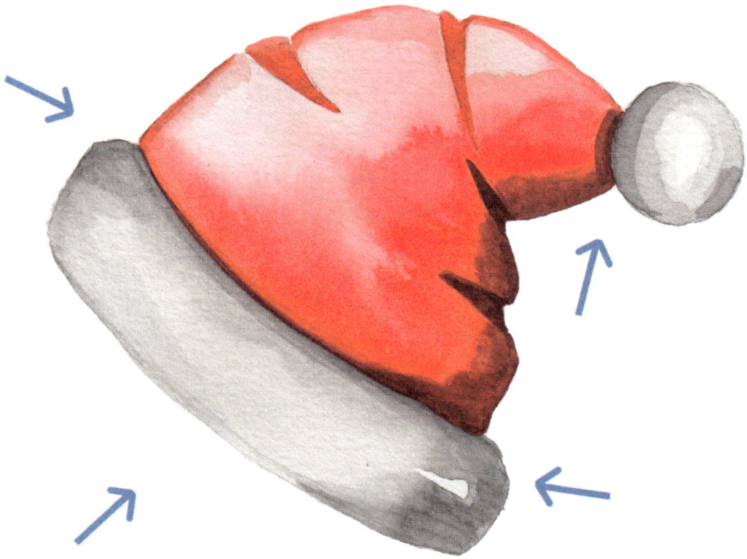

4.

Im letzten Schritt malst du mit einem weniger verdünnten Grau einen Schatten auf den Bommel und den unteren Mützenrand.

Lippenstift

Skizze

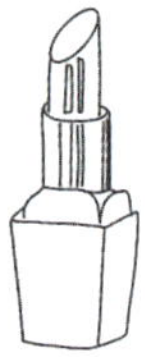

Farbpalette

1.

Den unteren Teil malst du in einem Grau und Schwarz aus, lass zwischen den Flächen einen Freiraum. Bevor du weitermachst, lass erst alles gut trocknen.

2.

Nun malst du den Lippenstiftschacht, lass auch hier wieder Freiräume. Danach füllst du die Freiräume aus dem ersten Schritt mit einem Schwarz. Die Lippenstiftspitze benetzt du mit klarem Wasser und tupfst im oberen Teil dein Rot hinein.

3.

Im letzten Schritt malst du den Lippenstift selbst aus und lässt hier auch wieder Freiräume. Auf der Lippenstiftspitze malst du eine dicke Kontur.

Kussmund

Skizze

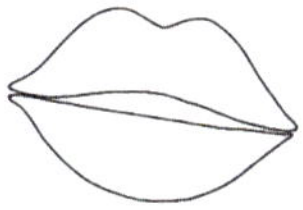

Farbpalette

1.

Fülle die Lippenfläche mit klarem Wasser, spare dabei die Lippenfältchen und die Mundöffnung aus und lasse von oben und unten dein knalliges Rot einfließen.

Danke
für Deine Hilfe

Watercolour
acid free
age resistant
natural white
surface sized
cold pressed
Aquarell
säurefrei
alterungsbeständig
naturweiß
oberflächengeleimt
matt
300 g/m²
140lbs
cold pressed
matt
grain fin
grano fino

Kamera

Skizze

Farbpalette

1.

Starte mit Schwarz für die Skyline im Objektiv. Anschließend malst du mit einem zarten Braun den Auslöser und das Visier, mit Blau füllst du die Fläche des Kameragehäuses. Lass dabei Freiräume.

Erst trocknen lassen

2.

Nun malst du wieder mit deinem blassen Braun den oberen Teil der Kamera aus, anschließend lässt du noch etwas zusätzliche Farbe von dem Rand aus einlaufen. Die einzelnen Knöpfe auf der Kamera sowie den ersten Kreis um das Objektiv malst du mit Grau aus. Lass alles kurz trocknen und male auf dem Auslöser, dem Sucher und am Objektiv eine erste Schicht für den Schatten.

3.

Jetzt malst du wieder in deinem Grau den zweiten Kreis im Objektiv sowie den Blitz deiner Kamera mit Streifen. In dem gleichen Grau malst du jeweils einen Schatten unter das Objektiv, den Knöpfen, den Schrauben, den oberen Teil der Kamera, den Auslöser und das Visier. Für das Visier malst du die innere Fläche mit einem blassen Blau aus. Lass alles kurz trocknen und male drei kleine Striche auf den Sucher.

4.

Im letzten Schritt folgt das Abendrot hinter der Skyline. Hierzu füllst du die Fläche mit einem warmen Gelb und tupfst etwas Orange hinein.

Schnecke

Skizze

Farbpalette

1.

Im ersten Schritt malst du den ersten Teil des Schneckenhauses mit einem hellen Braun aus und tupfst dein dunkleres Braun in den unteren Bereich.

Erst trocknen lassen

2.

Wiederhole den ersten Schritt Schneckenhausstück für Schneckenhausstück und male anschließend nach dem Trocknen eine schmale Kontur an jede einzelne Windung.

3.

Mit deinem Grau malst du erst den oberen Teil des Körpers aus und mit deinem saftigem Grün den unteren Teil. Beim Hut malst du erst die obere Hälfte in einem Türkis.

Erst trocknen lassen

4.

Wieder nimmst du dein Grau zur Hand und malst damit kleine nicht geschlossene Kreise auf den oberen Teil des Schneckenkörpers sowie eine Kontur direkt unter das Schneckenhaus. Die Pupillen und die dunkle Kontur am unteren Teil des Körpers malst du mit deiner Pinselspitze oder deinem Fineliner. Mit deinem Türkis malst du dann noch den unteren Teil des Huts aus.

5.

Im letzten Schritt malst du die Blumen an den Hut und die Lippen in einem kräftigen Rot. Nachdem die Blütenblätter getrocknet sind, malst du einen gelben Punkt in die Mitte jeder Blume. Mit deinem Fineliner malst du nun noch die Wimpern an jedes Augenlid.

Parfüm

Skizze

Farbpalette

1.

Du startest mit einem blassen Rosa. Am inneren und äußeren Rand tupfst du etwas mehr Farbe in die Fläche. Wiederhole dies im inneren Teil der Schleife, aber diesmal mit einem Schwarz.

2.

Male den Schleifenknoten in einem Schwarz, gehe dabei wie im ersten Schritt vor. Anschließend malst du den Zerstäuber aus und lässt hier Freiräume. Lasse alles gut trocknen, bevor du mit dem nächsten Schritt weitermachst.

3.

Nun füllst du die äußere Fläche des Flakons und den Deckel mit deinem blassen Rosa. Danach ziehst du einen schwarzen Rahmen mit deiner Pinselspitze oder deinem Fineliner um das Etikett und malst deinen Schriftzug nach.

4.

Mische dein Rosa mit nur wenig Wasser und male einen Rahmen in deinen Flakon und in den Deckel. Als Letztes malst du mit Schwarz die noch fehlenden Schleifenbänder aus.

Für die BESTE mama der Welt
Sweet

1584

Brachiosaurus

Skizze

Farbpalette

1.

Beginne mit einem hellen Blau und fülle die gesamte Fläche des Körpers.

2.

In die noch feuchte Farbe tupfst du ein sattes Lila.

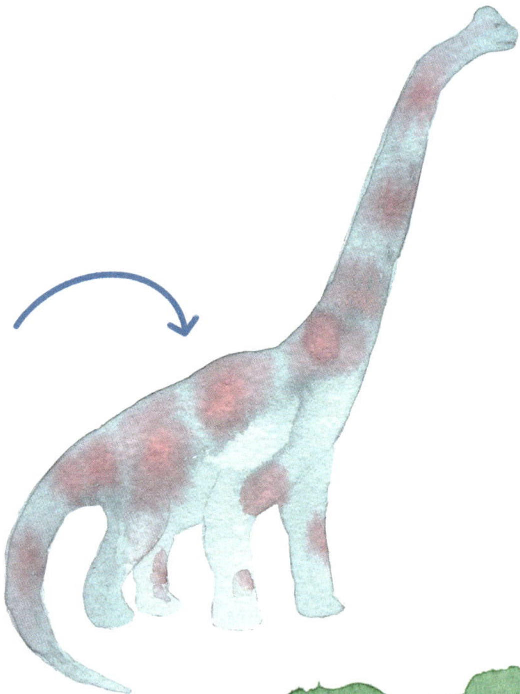

3.

Im dritten Schritt malst du mit einem kräftigen Blau eine zweite Schicht auf den Rücken und Schwanz des Dinosauriers. Hier lässt du wieder etwas Extra-Farbe einlaufen.

4.

Mit der Pinselspitze und einem dunklen Blau verteilst du Punkte auf deinen Dinosaurier. Wiederhole dies mit deinem weißen Marker. Mit deinem schwarzen Fineliner malst du dem Dino ein Gesicht und das Horn an die Füße.

Elefant

Skizze

Farbpalette

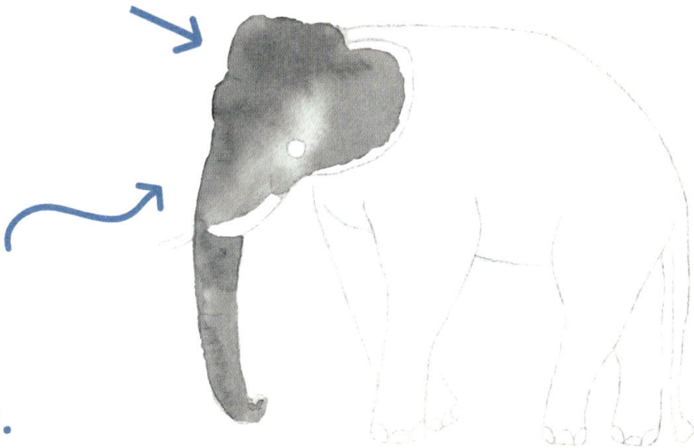

1.

Beginne mit klarem Wasser und bestreiche damit den Rüssel und lass deine graue Farbe vorsichtig einlaufen. Lass den Bereich der Wange frei.

2.

Wiederhole den ersten Schritt nun auch am Körper, lass dabei die hinteren Beine und den Schwanz unberührt.

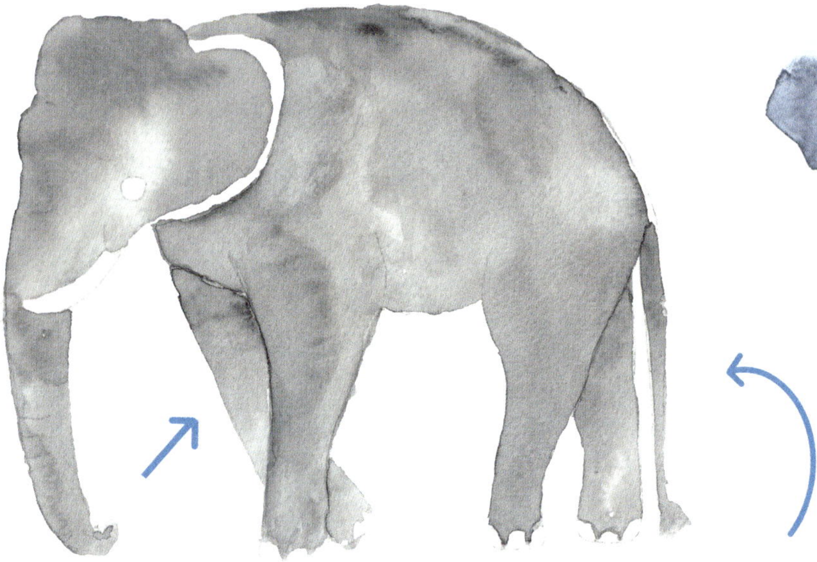

3.

Wenn alles getrocknet ist, folgen die hinteren Beine und der Schwanz. Gehe dabei wie im ersten Schritt vor.

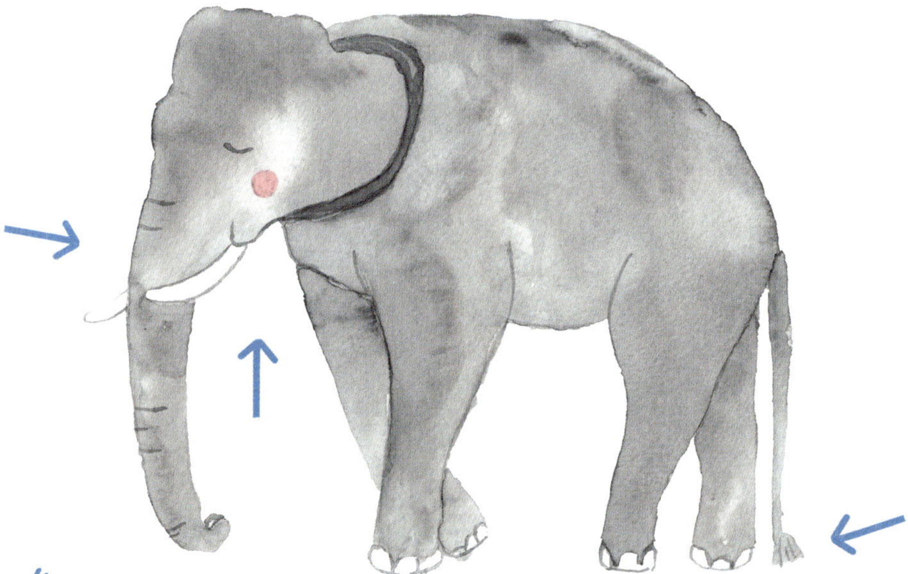

4.

Mit der Pinselspitze und deinem nun etwas weniger verdünnten Grau malst du eine dünne Kontur um die Stoßzähne, das Horn an den Zehen und in die Schwanzspitze, beim Ohr hingegen ist die Kontur breiter. In das Gesicht malst du dann noch das Auge und auf den Rüssel einzelne Falten in Form von Strichen. Mit Rosa malst du deinem Elefanten die Wange.

Eule

Skizze

Farbpalette

1.

Beginne mit einem Pink am Kopf und einem Braun für den Körper und die Augen.

Erst trocknen lassen

2.

Im zweiten Schritt malst du in einem Schwarz die Pupillen und mit deinem hellen Braun die Füße.

3.

Nachdem wieder alles getrocknet ist, malst du mit deinem hellen Braun den Kopf aus und ein Federkleid in Form von Kästen auf den Körper der Eule. Die ersten Flächen der Flügel benetzt du mit klarem Wasser und lässt dein Pink von der Flügelspitze aus hineinlaufen.

4.

Wenn wieder alles getrocknet ist, malst du wie im dritten Schritt weitere Flügel deiner Eule aus.

5.

Es folgt die Augenumrandung sowie die Kontur an den Füßen mit deinem dunkleren Braun. Mit demselben Braun malst du kurze Striche auf die Füße und auf der linken Seite des Federkleids auf dem Körper. Mit Pink malst du noch einzelne Federn auf dem Kopf und mit Schwarz den Schnabel.

6.

Mit deinem weißen Marker malst du nun in jede Pupille zwei kleine Lichtpunkte und mit deinem schwarzen Fineliner die Wimpern.

Blumentopf

Skizze

Farbpalette

1.

Tupfe mit deinem hellen Grün und deiner Pinselspitze die ersten Blätter auf deine Skizze.

2.

Nun tupfst du direkt an deinem hellen Grün ein dunkles Grün. Die Farben können ruhig ineinanderlaufen.

Erst trocknen lassen

3.

Wiederhole den ersten und zweiten Schritt mit einem hellen und dunklen Lila.

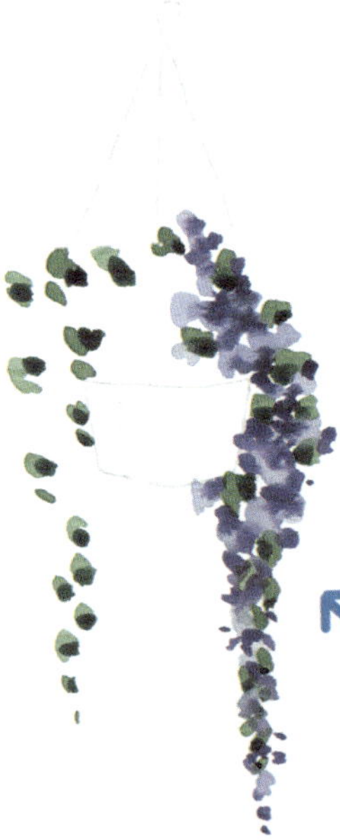

4.

Im vierten Schritt wiederholst du Schritt drei, nur nutzt du diesmal ein saftiges Rot und ein helles Rot.

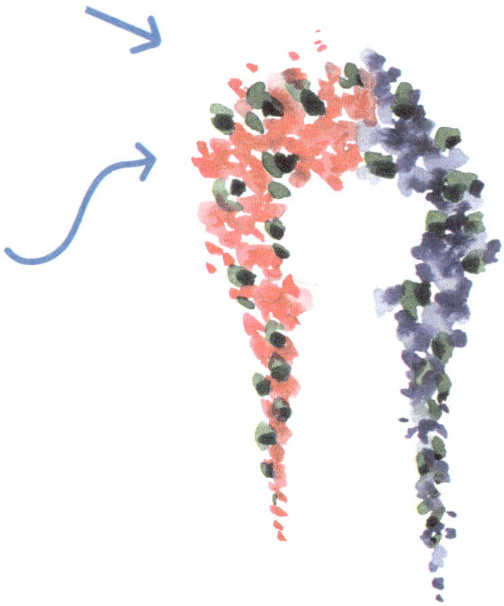

5.

Im letzten Schritt beginnst du mit einem verdünnten Braun und malst die Fläche des untereren Teils des Topfes aus. Lass hierbei einen Lichtpunkt auf der rechten Seite. Unterhalb des oberen Teils tupfst du etwas weniger verdünntes Braun in die Fläche hinein. Mit dem gleichen Braun malst du die Aufhängung deines Blumentopfes. Nun lass alles kurz trocknen und male mit deinem hellen Braun den oberen Teil des Topfes aus.

Koala

Skizze

Farbpalette

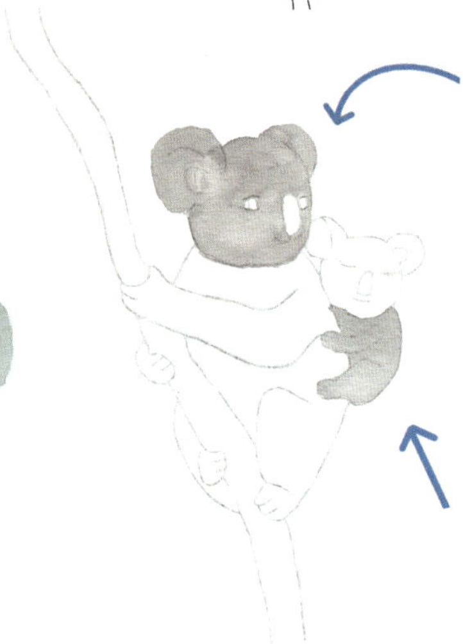

1.

Im ersten Schritt malst du den Kopf des großen Koalas und den Körper des Koalababys aus. Anschließend lässt du erst alles gut trocknen, bevor du weitermachst.

2.

Nun drehst du den Spieß um und malst den Körper des großen Koalas und den Kopf von dem Baby in demselben Grau aus.

3.

Weiter geht es mit dem Schatten, diesen malst du mit einem dunklen Grau und in Form einer Kontur. Achte darauf, dass du überall dort Schatten malst, wo einzelne Körperteile sich berühren und woher dein Licht kommt. Mit einem blassen Rosa malst du deinen unteren Bereich am Mund aus.

4.

Im letzen Schritt benetzt du als Erstes den Stamm mit klarem Wasser und lässt dein Braun von links aus hineinlaufen. Danach malst du mit der Pinselspitze und deinem Schwarz die Nase, Mund, Augen und Krallen auf deine Koalas. Hierfür kannst du auch deinen Fineliner nutzen. Mit deinem weißen Marker setzt du auf die Nasen jeweils Lichtpunkte. Mit deinem Grau kannst du nun noch kleine Härchen auf das Fell malen.

Handy

Skizze

Farbpalette

1.

Beginne mit klarem Wasser und bestreiche damit das Display und lasse vom Rand aus leuchtende blaue Farbe hineinlaufen.

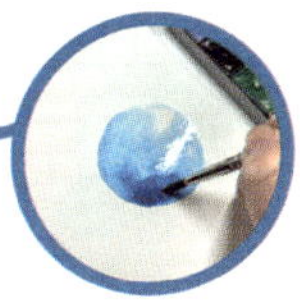

2.

Im zweiten Schritt malst du den unteren Rahmen in einem Rosa, wobei du aber an den Ecken etwas mehr Farbe in den Rahmen tupfst. Male den Knopf in der Mitte und einen ersten grauen Schatten.

3.

Zum Schluss malst du mit deinem Grau etwas Schatten und Kontur auf das weiße Gehäuse. Dann deutest du mit deiner Pinselspitze und einem Schwarz den Rahmen, das Mikrofon und den Lautsprecher an.

15
van Gogh

IT'S THE
little things
IN LIFE

84

Watercolour
acid free
age resistant
natural white
surface sized
cold pressed
Aquarell
säurefrei
alterungsbeständig
naturweiß
oberflächengeleimt
matt
300 g/m²
cold pressed
matt
grain fin
grano fino
Ref. No. 10 628 040

Faux-Kalligrafie

Mit der Faux-Kalligrafie – »falsche Kalligrafie« kannst du ganz einfach tolle Botschaften entstehen lassen, das heißt, es sieht so aus, als ob du deine Wörter mit einer breiten Feder geschrieben hättest, auch wenn du nur deinen Fineliner verwendest. Ideal, um damit auf Aquarellpapier zu arbeiten. Wenn du deine Botschaft mithilfe von Schraffieren übertragen hast, dann nimmst du einen Fineliner mit normaler Spitze (Monoline) zur Hand und malst Buchstabe für Buchstabe wie folgt nach:

1.  Male mit einer einfachen Linie deine Buchstaben wie du sie magst.
2.  Bei den Strichen von oben nach unten fügst du parallele Linien zu. Diese sind am Anfang und am Ende mit dem ersten Strich verbunden.
3.  Die Zwischenräume kannst du nun auch ausfüllen.

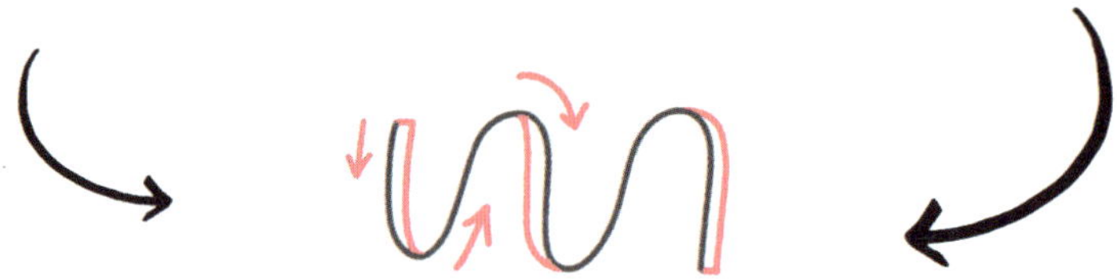

Beispiel-Alphabet

Alle Vorlagen zum Übertragen findest du kostenfrei auf meiner Website unter www.gustavson.store.

Schmuckelemente

Nun möchte ich dir noch einige Schmuckelemente zeigen, mit denen sich deine Projekte oder Kunstwerke zusätzlich verschönern lassen. Mit nur wenigen Strichen kannst du folgende Schmuckelemente auch ohne Vorlage ganz einfach nachmalen.

Wimpelketten

Banner

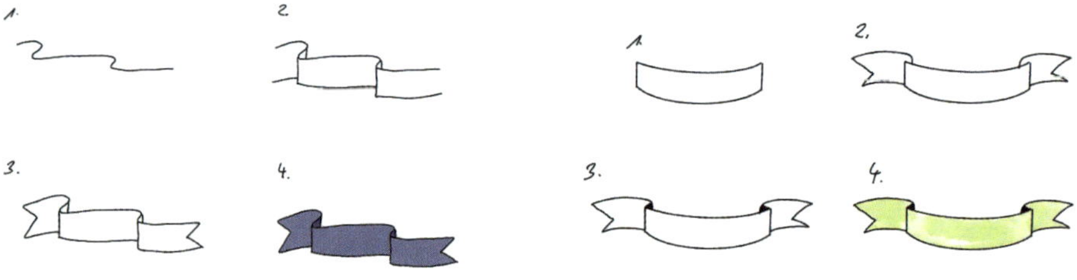

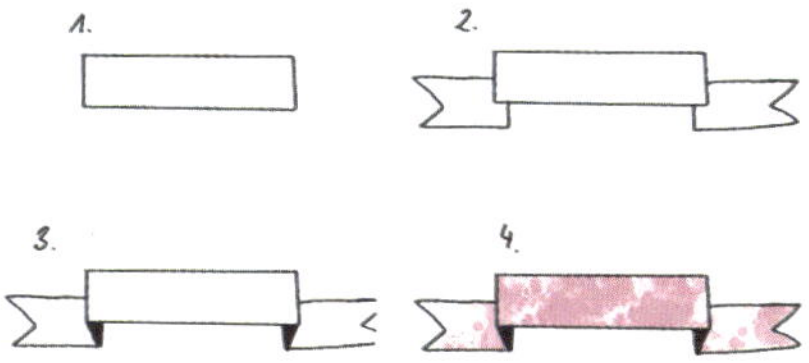

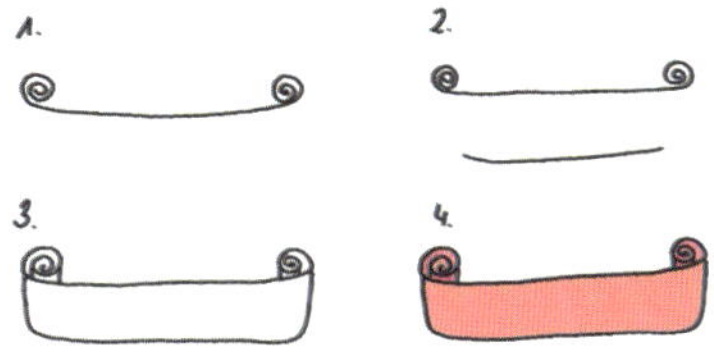

Trennlinien & Eckrahmen

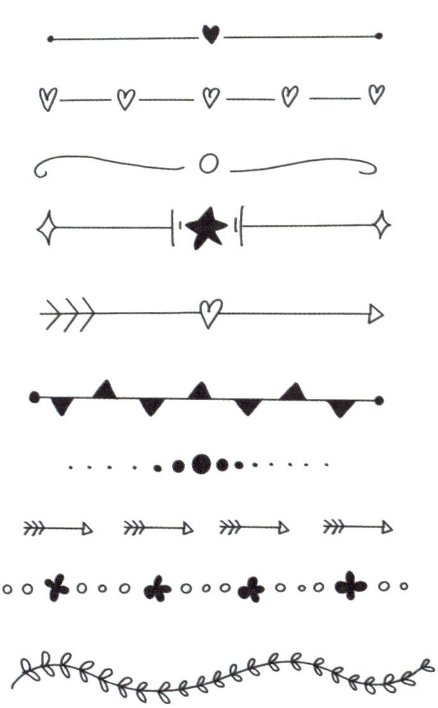

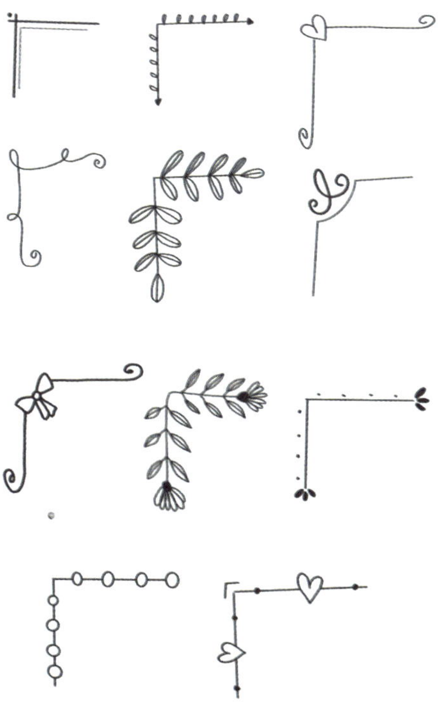

Kleine Bilder zum Verschönern

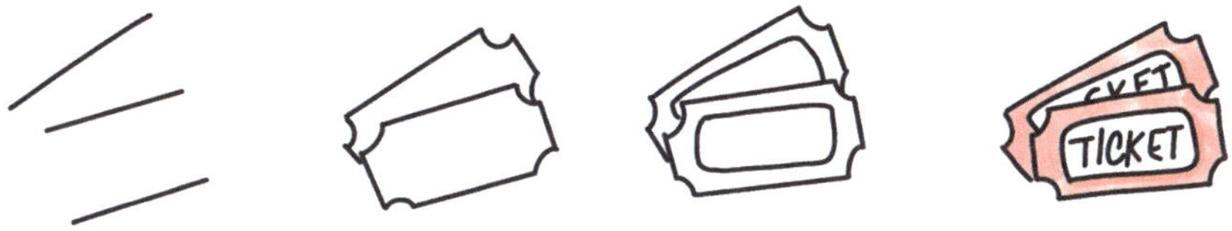
TICKET

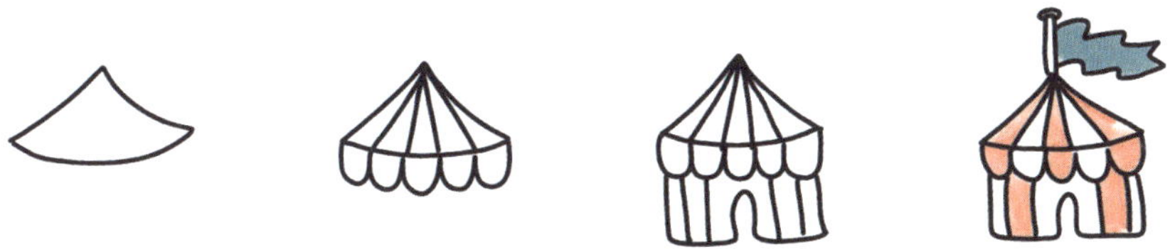

Heute ist mein Lieblingstag.

GREAT love

Zuhause ist wo meine Miezekatze ist

Süßes ODER Saures

Tagebuch

Emma

1584
hohoho

Index

MANUELA LEO

STEINE BEMALEN

WITZIG, FRECH, VON HERZEN!

Steine bemalen ist der neue Trend, nicht nur auf Instagram, Pinterest und Co. Die kleinen Kunstwerke eignen sich wunderbar als Dekoration oder persönliche Geschenke zu jedem Anlass. Möchtest du deine eigenen Steine bemalen? Die vielfältigen Motive in diesem Buch laden zum Nachmalen und Selbermachen ein.

Manuela Leo zeigt dir in diesem Buch, wie du Schritt für Schritt witzige, freche und originelle Motive zauberst, die sich besonders gut auf Steine malen lassen. Du erfährst, wie du mit Airbrush- und Aquarellfarben sowie einigen wenigen Hilfsmitteln aus einfachen Steinen bezaubernde Kunstwerke erschaffst.

Alle Projekte werden detailliert zum Nachmalen anhand vieler Bilder gezeigt und zu jedem Projekt erhältst du eine genaue Materialliste.

ISBN 978-3-7475-0704-9

Probekapitel und Infos erhalten Sie unter:
www.mitp.de/0704